「제4차 표준보육과정」 반영한 2판

보육실습

| **양수영** 저 |

영아 대상 상호작용 및 놀이 지원활동 방법 중심으로

Practicum in Child Care

학지사

머리말

교육의 질을 좌우하는 중요 변인은 바로 교사이다. 이는 과거 수십 년간 수많은 연구를 통해 검증되어 온 명확한 사실이다(Winton & McCollum, 2008). 따라서 우수한 교사를 양성하기 위한 교사교육은 매우 의미 있는 일이라고 할 수 있다.

하지만 과거부터 현재까지 교사교육의 가장 큰 문제로 지적되어 오는 것이 있다. 바로 현장의 실제와 이론과의 괴리가 크다는 점이다. 물론 실제 현장의 특성이 다양한 개성의 학습자, 다양한 지역사회 문화와 환경 등으로 인해 복잡하고 불확실하여 예측 불가하며, 역동적인 것은 사실이다. 하지만 대학에서 배운 이론이 실제와 괴리가 있다는 것은 양질의 교육을 기대하기 어렵게 만든다.

이를 극복하기 위해 교사 양성과정에서 강조되는 것이 예비교사들로 하여금 실천적 지식을 함양하도록 하는 것이다(Hiebert, Gallimore, & Stigler, 2002). 실천적 지식은 대학에서 배운 이론을 현장에 접목하여 이론에 대해 재사고의 과정을 가지도록 기회를 제공함으로써 결국 자신만의 지식으로 재구성하는 것을 의미한다. 이러한 실천적 지식 형성을 위한 중요한 교육과정 중 하나가 바로 실습이다. 따라서 실습은 예비교사 양성과정에서 매우 중요한 교육의 일부이다.

교육과정에서 실습을 효과적으로 활용해 학생들이 실천적 지식을 형성하도록 하기 위해서는 학생들로 하여금 실습에 대해 미리 이해하도록 하여 지식, 기술, 태도 측면에서 준비되도록 돕는 것이 필요하다.

따라서 이 책에서 제1장은 실습의 개념과 의의를 이해하도록 하여 먼저 실습 참여와 준비에 동기화되도록 하였다. 그리고 제2장은 실습을 위한 서류 준비 및 사전방문을 적절하게 수행할 수 있도록 안내하였고, 제3장은 실습 관련 태도를 다시 점검하고 마음가짐을 정비할 수 있도록 하였다. 제4장과 제5장, 제6장은 김혜윤, 강유진(2018) 등이 보고한 실습생이 가장 어려워하는 영아와의 상호작용 방법과 놀이 지원활동 방법을 구체적으로 제시하였다. 그리고 제7장과 제8장은 실습 과제와 관련하여 미리 인지하여 준비하고 과제수행에 도움이 될 수 있도록 일화기록 관찰법과 교재교구 제작 및 활용 방법에 대해 제시하였다. 마지막으로 제9장은 실습 후 실천적 지식을 형성할 수 있도록 스스로 다양한 방식의 평가를 해 볼 수 있도록 하였다.

이 책은 앞서 언급한 것처럼 다른 교재들과의 다음의 두 가지 차별점을 지니고 있다.

첫째, '실천적 지식 형성'을 위한 내용 구성

- Elbaz(1983)의 실천적 지식 형성을 위한 세 가지 측면(지식, 구조, 정향)을 고려한 구성

둘째, 실습생의 어려움에 기초한 내용 구성

- 영아와의 상호작용 방법 및 놀이 지원활동 방법 구체적 제시

[그림] **교재의 구성 특징**

이 책은 대학에서 보육실습뿐만 아니라 영아 관련 수업에서 활용될 수 있을 것이며, 이를 통해 예비교사들의 보육에 대한 실천적 지식이 함양될 것이라고 기대할 수 있겠다.

이 책이 나오기까지 도움을 주신 대학의 관련 과목 교강사분들과 학지사 직원분들께 감사의 마음을 전한다.

2021년 1월

저자 양수영

차례

제3장 실습생의 역할과 자세

제4장 영아와의 상호작용 방법

제1장

개념 및 의의

이 장은 실습의 개념과 의의를 이해함으로써 학생들의 실습에 임하는 올바른 태도 형성을 목표로 한다.

1. 개념
2. 의의

1. 개념

실습이란, 교사 양성교육과정 중 중요한 과정의 하나로 대학에서 학습한 이론과 지식, 기술, 태도를 실제 교육현장에 일정 기간 나가서 실천적으로 재학습하고, 반성의 과정을 거쳐 견고히 하는 것을 의미한다. 실습의 경험은 향후 교사의 자질과 능력에 매우 중요한 영향을 미치는 중요한 경험이다(양수영, 2013a).

보육실습의 개념에 대해 구체적으로 살펴보면 다음과 같다.

보육실습은 어린이집 또는 유아교육기관에서 실습 지도교사 지도를 받으며, 실제 현장에서의 보육교사 역할을 경험해 보는 교육활동이다.

예비교사는 보육실습을 통해 보육교사의 실제 교수기술 및 영유아와의 상호작용, 어린이집 교육과정 운영, 실내외 환경 조성 및 관리, 행정 업무 등 전반적 실무 경험을 축적함으로써 향후 현장에 취업하여 보육교사로서 효율적 업무 능력을 발휘할 수 있다.

보육실습은 보육교사 자격증 취득을 위한 중요한 부분으로 자격증 취득과 관련하여 구체적으로 살펴보면 다음과 같다.

대학의 보육실습은 보육교사 2급 자격증 취득과 관련한 것으로 보육실무 영역에 해당한다. 실습기관은 실습 시작 당시 정원 15명 이상으로 평가인증(또는 평가제 평가 결과 A, B등급)을 유지하고 있는 어린이집이나 방과 후 과정을 운영하는 유치원에서 실시하여야 한다. 참고로 평가인증제도는 2019년 6월부터 평가제로 변경되었고, 모든 어린이집의 보육 질을 높이기 위해 선택이 아닌 의무가 되었다. 실습 지도교사는 보육교사 1급 또는 유치원 정교사 1급 자격증을 보유한 교사가 담당해야 하며, 실습 지도교사 1명당 실습생을 3명 이내로 지도해야 한다. 실습 인정시간은 6주 240시간을 원칙으로 한다. 실습은 2회에 분할하여 실시 가능하며, 평일 오전 9시부터 오후 7시까지 하루 8시간을 해야 하며, 부득이한 사유로 충족하지 못한 경우 증빙 서류를 제출하고 1일 6시간 이상 실습한 경우에 한하여 인정한다. 실습이 끝난 후, 실습평가서의 평가가 80점 이상인 경우만 보육실습을 이수한 것으로 인정된다(한국보육진흥원, 2020b).

보육교사 2급 자격증 관련 교과목 및 학점

「영아보육법 시행규칙」 제12조 제1항 [별표 4]

대상자

① 대학 등을 입학한 사람[1]: 2017. 1. 1. 이후에 입학하는 사람부터 적용

–다만, 2017. 1. 1. 전 입학하는 사람이라도 2017. 1. 1. 이후에는 교과목의 교육을 시작한 경우 개정 대면 교과목 및 보육실습 기준에 따라 이수해야 함

② 대학 등을 졸업하는 사람과 같은 수준 이상의 학력이 있다고 인정된 사람[2]: 2018. 1. 1. 이후 전문학사 이상을 취득하는 사람부터 적용

–다만, 2018. 1. 1. 이후 전문학사 이상 취득하는 사람이라도 2017. 3. 1. 전 아래의 교과목을 이수한 경우 개정 대면 교과목 및 보육실습 기준으로 이수한 경우로 인정받는다.

보육교사론, 아동복지(론), 놀이지도, 언어지도, 아동음악, 아동동작, 아동미술, 아동수학지도, 아동과학지도, 아동안전관리, 아동생활지도, 아동관찰 및 행동연구, 보육실습

1) 대학, 산업대학, 교육대학, 전문대학, 방송통신대학, 사이버대학, 기술대학, 각종 학교

2) 학점은행제를 통한 학위취득자, 「평생교육법」에 따른 학위취득자

※ 관련 법령: 「영아보육법 시행규칙」 부칙 제3조 〈보건복지부령 제392호, 2016. 1. 12.〉

대학 등에서 이수하여야 할 교과목 및 학점 일반

영역	교과목		이수과목(점수)
가. 교사 인성	보육교사(인성)론, 아동권리와 복지		2과목(6학점)
나. 보육 지식과 기술	필수	보육학개론, 보육과정, 영아 발달, 영아 교수방법론, 놀이지도, 언어지도, 아동음악(또는 아동동작, 아동미술), 아동수학지도(또는 아동과학지도), 아동안전관리(또는 아동생활지도)	9과목(27학점)

	선택	아동건강교육, 영아 사회정서지도, 아동문학교육, 아동상담론, 장애아 지도, 특수아동 이해, 어린이집 운영 관리, 영아 보육 프로그램 개발과 평가, 보육정책론, 정신건강론, 인간행동과 사회환경, 아동간호학, 아동영양학, 부모교육론, 가족복지론, 가족관계론, 지역사회복지론	4과목(12학점)
다. 보육 실무	아동관찰 및 행동연구, 보육실습		2과목(6학점)

※ 비고

교과목의 명칭이 서로 다르더라도 교과목의 내용이 비슷하면 같은 교과목으로 인정하고, 다목의 교과목 중 보육실습은 교과목 명칭과 관계없이 보육실습 기관과 보육실습 기간의 조건을 충족하면 보육실습으로 인정한다.

각 교과목은 3학점을 기준으로 하되, 최소 2학점이어야 한다.

17과목 이상, 51학점 이상 이수하여야 한다.

출처: 한국보육진흥원 (2020b). http://chrd.childcare.go.kr/ctis/content/tch_kind_02_1.jsp

보육교사 2급 자격증 관련 보육실습 기준

구분	기준
실습 운영	이론 수업과 보육현장실습으로 운영
실습 기간	6주 240시간(2회에 나누어 실시 가능)
실습 기관	–실습 시작 당시 정원 15명 이상으로 평가인증(또는 평가제 평가 결과 A, B등급)을 유지하는 어린이집 –방과 후 과정을 운영하는 유치원
실습 지도교사	–보육교사 1급 또는 유치원 정교사 1급 –실습 지도교사 1명당 보육실습생 3명 이내 지도
실습 인정시간	–평일(월요일~금요일) 오전 9시~오후 7시 –실습시간은 하루에 8시간을 초과할 수 없음
실습의 평가	–보육실습일지와 실습평가서 작성 –평가점수 80점 이상

실습관리 시스템을 통한 보육실습 관리

-2013. 3. 1. 이후 어린이집에서 보육실습을 이수하는 경우, 어린이집 지원 시스템에 보육실습 내용을 등록, 제출하여야 함

☞ 보육실습 내용 등록 · 제출 방법

① 보육실습 내용 등록 방법: 어린이집 지원 시스템 → [교육 관리] → [보육실습생 관리] → [등록]에서 보육실습생 정보와 실습 지도교사 정보를 입력 → [저장]하여 등록 완료

② 보육실습 내용 제출 방법: 어린이집 지원 시스템 → [교육 관리] → [보육실습생 관리] → 대상자 조회 후 [선택] → [제출](메시지 창 확인) → [확인]하여 제출 완료

※ 주의: 야간대학, 한국방송통신대학, 원격대학에서 2회로 나누어서 실습한 경우에는 보육실습생 등록 및 제출을 각각 해야 함. 제출된 내용은 자격취득을 위한 정보로 전송되므로 제출 이후에는 수정 불가

출처: 한국보육진흥원 (2020b). http://chrd.childcare.go.kr/ctis/content/tch_kind_03.jsp

2. 의의

현장에서의 실습을 통한 의의는 다음과 같다.

첫째, 대학에서 배운 지식, 기술, 태도를 현장에서의 구체적 경험을 통해 재인식할 수 있으며, 나름의 반성적 사고를 함으로써 실천적 지식을 형성하여, 교사의 자질과 능력을 한층 향상시킬 수 있다.

둘째, 실습을 통해 각 연령별 영유아의 실제 발달 특성을 이해하고, 적절한 보육이 무엇인지 구별하여, 현실적 보육방안을 생각해 볼 수 있다.

셋째, 기관 내 조직 문화를 이해하고, 교사의 다양한 역할을 이해할 수 있다.

넷째, 역동적 보육환경 속에서 이론과 실제의 괴리를 극복할 수 있는 올바른 교직관을 형성할 수 있다.

제2장

실습 전(前) 준비사항

이 장은 실습에 임하기 전 준비해야 하는 사항들을 이해하고 준비하도록 함으로써 실습을 차질 없이 대비할 수 있도록 하는 것을 목표로 한다.

1. 서류 준비
2. 실습기관 사전방문
3. 준비물

1. 서류 준비

실습을 위해서는 다음의 서류를 미리 준비해야 한다.

1) 실습생 신상조사서

실습생 신상조사서는 실습기관에 자신의 기본 신상을 알리는 문서이다.

실습생 신상조사서

<table>
<tr><td>주소</td><td colspan="4"></td><td rowspan="5">사진</td></tr>
<tr><td rowspan="2">연락처</td><td>(집)</td><td colspan="3"></td></tr>
<tr><td>(휴대전화)</td><td colspan="3"></td></tr>
<tr><td rowspan="2">성명</td><td>(한글)</td><td></td><td rowspan="2">성별</td><td rowspan="2"></td></tr>
<tr><td>(한자)</td><td></td></tr>
<tr><td>주민등록번호</td><td colspan="5">– (실명 확인을 위함)</td></tr>
<tr><td rowspan="3">학력</td><td colspan="5">중학교 년 졸업 (년 월)</td></tr>
<tr><td colspan="5">고등학교 년 졸업 (년 월)</td></tr>
<tr><td colspan="5">대학교 년 입학 (년 월)</td></tr>
<tr><td rowspan="7">가족사항</td><td colspan="3">성명(함께 거주하는 가족만)</td><td colspan="2">관계</td></tr>
<tr><td colspan="3"></td><td colspan="2"></td></tr>
<tr><td colspan="3"></td><td colspan="2"></td></tr>
<tr><td colspan="3"></td><td colspan="2"></td></tr>
<tr><td colspan="3"></td><td colspan="2"></td></tr>
<tr><td colspan="3"></td><td colspan="2"></td></tr>
<tr><td colspan="3"></td><td colspan="2"></td></tr>
<tr><td>비고</td><td colspan="5">기타(실습지도상 주의를 원하는 사항 기록)</td></tr>
</table>

[그림 2-1] **실습생 신상조사서 예시**

실습생 신상조사서를 기록할 때는 다음의 사항을 주의하여 기록한다.

- 사진은 최근 3개월 이내 찍은 증명사진을 부착한다.
- 기재 시 검정색 펜을 사용한다.
- 모든 기재사항은 오탈자가 없도록 정확히 기재한다.
- 주소와 연락처는 현재를 기준으로 작성한다.
- 성명과 성별을 기록한다.
- 주민등록번호는 뒷자리까지 모두 기록해야만 실명 확인이 가능하다.
- 학력은 중학교 때부터의 사항만 기록한다.
- 가족사항은 현재 함께 거주하는 가족의 이름, 본인과의 관계만 기록한다.
- 비고란에는 실습지도상 주의를 원하는 사항을 기록한다.

2) 현장실습 협약서

현장실습 협약서는 실습에 대하여 실습기관과 대학이 협약을 맺는 것을 의미하며, 협약을 통해 실습기관으로 인정이 된다. 대학과 실습기관이 날인하여 각 1부씩 보관한다.

현장실습 협약서

______________(이하 '실습기관'이라 한다)과 ○○대학교(이하 '대학'이라 한다)는 '대학' 소속 학생들(이하 '실습생'이라 한다)의 진로 선택에 도움을 주고, 현장에서 요구하는 전문지식과 경험 습득을 목적으로 하는 현장실습학점제(이하 '현장실습'이라 한다) 운영과 관련된 지침을 준수하고, 상호 간의 운영에 필요한 사항을 이행하기 위하여 다음과 같이 협약을 체결한다.

제1조 (현장실습 기간 및 대상)

① '현장실습 기간'은 1일 8시간/주 40시간(오전 9시~오후 7시 내)을 기준으로 연속적으로 실시되어야 하며, 최소 6주(240시간) 이상 실습하여야 한다.

② '현장실습 대상'은 ○○대학교 재학생으로 한다.

제2조 (현장실습 운영)
① '실습기관'은 현장실습을 지도할 담당자를 배치하여 실습생이 성실히 현장실습을 수행할 수 있도록 지도하고 실습생에 대한 출결 관리 및 평가를 실시한다.
② '대학'은 '대학'의 현장실습 관련 규정에 따라 현장실습 학생을 지도하고 실습 종료 후 학점부여 절차를 실시한다.

제3조 (현장실습 시간 및 장조)
① 실습시간은 '실습기관'의 근로시간을 기준하여 1일 8시간 실시하는 것을 원칙으로 한다.
② 실습 장소는 실습기관의 사업장 또는 사업과 관련된 장소로 하고, 실습생의 보건 · 위생 및 산업재해, 성희롱 · 성폭력 등으로부터 안전한 장소로 지정한다.

제4조 (협약의 효력 및 기간) 본 협약의 효력은 협약 체결일로부터 발생하며 협약 기간은 협약 체결일로부터 1년으로 한다. 단, '실습기관' 또는 '대학' 중 이의를 제기하지 않을 경우 자동 갱신되는 것으로 한다.

제5조 (기타) 본 협약에 명기되지 아니한 세부 사항에 대해서는 당사자 간 협의하여 별도로 정한다.

본 협약의 성립을 증명하기 위하여 협약서 2부를 작성, '실습기관'과 '대학'은 각각 서명 날인 후 1부씩 보관한다.

년 월 일

실습기관	대학
기관 명:	기관 명:
주 소:	주 소:
대표자: 인	대표자: 인

[그림 2-2] **현장실습 협약서 예시**

3) 성범죄 경력 조회 및 아동학대 관련 범죄 전력 조회 신청서

실습생은 성범죄 경력 조회 및 아동학대 관련 범죄 전력 조회 신청서 내 '대상자'에 내용을 작성하여 기관에 제출하여야 한다. 기관은 4)의 서류(성범죄 경력 조회 및 아동학대 관련 범죄 전력 조회 동의서)와 함께 성범죄 경력 조회 및 아동학대 관련 범죄 전력 조회를 경찰서에 신청할 수 있다.

[별지 제10호 서식] 〈개정 2014. 9. 29.〉

성범죄 경력 조회 및 아동학대 관련 범죄 전력 조회 신청서

접수번호		접수일	처리일	처리기간	즉시

신청인	성명		주민등록번호	-
	기관 명			
	주소 (전화번호:)			

대상자	성명	한글			
		한자		영문	
	주민등록번호	-	외국인인 경우: 국적과 여권번호 또는 외국인등록번호		
	주소				
	취업(예정) 직위				

「아동 · 청소년의 성보호에 관한 법률」 제66조 및 같은 법 시행령 제26조와 「아동복지법」 제29조의 3 및 같은 법 시행령 제26조의 3에 따라 아동 · 청소년 관련 기관에 취업 중이거나 노무를 제공 중인 사람 또는 취업하거나 노무를 제공하려는 사람에 대하여 성범죄 경력 및 아동학대 관련 범죄 전력 조회를 요청하오니 그 결과를 회신해 주시기 바랍니다.

년 월 일

신청인 (서명 또는 인, 정보통신망 이용 시 생략 가능)

경찰청장 귀하

<table>
<tr><td rowspan="2">신청인 제출 서류</td><td rowspan="2">아동 · 청소년 관련 기관 등의 장임을 증명할 수 있는 자료(인 · 허가증 또는 사업자등록증 사본 등) 1부
취업자 또는 취업예정자 본인의 동의서 1부</td><td>수수료</td></tr>
<tr><td>없음</td></tr>
<tr><td colspan="3">유의사항</td></tr>
<tr><td colspan="3">1. 대상자가 외국인인 경우 한글 · 영문의 성명, 국적과 함께 여권번호 또는 외국인등록번호를 적습니다.
2. '신청인'은 아동 · 청소년 관련 기관 등의 장이며, 대상자가 2명 이상일 경우 대상자 기입사항을 일괄 작성, 첨부하여 신청할 수 있습니다.
3. 아동 · 청소년 관련 기관의 장이 아닌 지방자치단체의 장 등이 신청하는 경우에는 신청인의 제출서류를 제외합니다.</td></tr>
<tr><td colspan="3">처리절차</td></tr>
<tr><td colspan="3">신청서 작성 (신청인) → 접수 (경찰관 서장) → 대상자 확인 (적합, 부적합) (경찰관 서장) → 통보</td></tr>
<tr><td colspan="3">210mm×297mm[백상지 80g/m^2(재활용품)</td></tr>
</table>

[그림 2-3] **성범죄 경력 조회 및 아동학대 관련 범죄 전력 조회 신청서 예시**

간혹, 실습생이 경찰서에 방문하여 직접 신청할 수도 있다.

이때 파출소, 지구대, 치안센터 등이 아닌, 자치구 관할 경찰서에서 가능하다. 그리고 경찰서의 민원실에 방문하여 신청할 수 있으며, 신청할 때는 신분증을 지참해야 한다.

4) 성범죄 경력 조회 및 아동학대 관련 범죄 전력 조회 동의서

실습생은 성범죄 경력 조회 및 아동학대 관련 범죄 전력 조회를 위해 개인정보 제공 동의를 위한 동의서를 작성하여 기관에 제출하여야 한다.

<table>
<tr><td colspan="6">[별지 제12호 서식] 〈신설 2014. 9. 29.〉
성범죄 경력 조회 및 아동학대 관련 범죄 전력 조회 동의서</td></tr>
<tr><td rowspan="6">대상자</td><td rowspan="2">*성명</td><td colspan="4">한글</td></tr>
<tr><td colspan="2">한자</td><td colspan="2">영문</td></tr>
<tr><td>*주민등록번호</td><td>–</td><td colspan="2">*외국인인 경우: 국적과 여권번호 또는 외국인 등록번호</td><td></td></tr>
<tr><td>주소</td><td colspan="4"></td></tr>
<tr><td>전화번호</td><td colspan="2">자택</td><td colspan="2">휴대전화</td></tr>
<tr><td colspan="5"></td></tr>
<tr><td colspan="6">본인은 ○○기관(시설)(예: 유치원, 어린이집, 아동복지시설, 청소년쉼터, 청소년활동시설, 의료기관 등)을 운영하려는 자, 취업(예정)자, 또는 노무 제공(예정)자로서, 「아동 · 청소년의 성보호에 관한 법률」 제56조 및 같은 법 시행령 제26조에 따른 성범죄 경력 조회, 「아동복지법」 제29조의 6에 따른 아동학대 범죄 전력 조회 신청에 동의합니다.</td></tr>
<tr><td colspan="6">년 월 일</td></tr>
<tr><td colspan="6">동의자 (서명 또는 인)</td></tr>
<tr><td colspan="6">○○ 경찰청장 귀하</td></tr>
</table>

<table>
<tr><td>유의사항</td></tr>
<tr><td>1. 개인정보 수집 항목: *표 항목(성명, 주민등록번호, 외국인의 경우 외국인등록번호)
2. 대상자가 외국인의 경우 성명(영문), 외국인등록번호를 적습니다.
3. 개인정보 제공 거부에 따른 제한사항: 귀하는 개인정보 제공 동의를 거부할 권리가 있으나 동의 거부 시에는 취업에 제한을 받을 수 있습니다.
4. 개인정보의 보유: 수집된 고객의 개인정보는 성범죄 · 아동학대 관련 범죄 전력 조회 신청 등을 위하여 사용됩니다.</td></tr>
<tr><td>210mm×297mm[백상지 80g/m²(재활용품)</td></tr>
</table>

[그림 2-4] **성범죄 경력 조회 및 아동학대 관련 범죄 전력 조회 동의서 예시**

5) 보건증(건강진단 결과서)

보건증(건강진단 결과서)은 면역력이 약한 영유아에게 옮길 수 있는 전염성 질환 보유 유무를 실습기관에서 확인할 수 있도록 제출하는 서류이다. 보건증(건강진단 결과서)은 가까운 보건소나 동네 병원에서 발급이 가능하며, 발급까지 일주일 이상 걸릴 수 있으니 실습 시작 전 미리 발급받는 것이 좋다. 발급 후 유효기간은 1년이다.

6) 실습생 서약서

실습기간 동안 실습에 성실히 임할 것이라고 서약하는 것으로 기관에서 필요로 하는 경우 작성하여 기관에 제출한다.

실습생 서약서

________대학 ________학과(학부) ________학년 학번________

상기 본인은 귀 기관의 실습생으로서 실습의 목적과 중요성을 충분히 이해하고 기관의 제반 규정을 성실히 준수하여 교사로서의 자질 향상에 최선을 다할 것을 서약합니다.

년 월 일

실습생 (인)

○○○ 기관장 귀하

[그림 2-5] **실습생 서약서 예시**

그 외 기관에 따라 준비해야 할 추가 서류가 있을 수 있으므로 사전방문을 위한 약속을 정하는 전화를 할 때, 실습을 위해 준비해야 하는 서류가 무엇인지 문의하고 준비하는 것이 좋다. 또한, 실습기관에 따라 필요 서류가 다르므로 이 책의 부록(2. 실습 관련 양식)을 참고하여 추가로 준비할 수 있다.

2. 실습기관 사전방문

사전방문은 기관의 위치를 먼저 익힐 수 있고, 기관에 미리 방문함으로써 실습을 하게 될 교실과 실습지도 선생님, 원장님 등 기관의 교사들과 친밀감을 형성할 수 있다. 또한, 실습 시 유의사항을 먼저 들음으로써 실습을 잘 준비할 수 있다.

1) 전화로 방문 약속 정하기

사전방문은 대체로 실습이 시작되기 일주일 전쯤 이루어지는 것이 좋다. 따라서 실습이 시작되기 열흘이나 2주 전에는 사전방문을 위해 기관에 전화하여 방문 약속을 정해야 한다. 전화를 하는 시간은 실습기관의 바쁜 일과가 끝날 때쯤인 대략 오후 3~5시 사이에 전화를 하는 것이 좋다. 동일한 기관에 여러 명이 실습을 나가는 경우에는 한 명이 대표로 전화를 하며, 전화를 하기 전 미리 실습생들이 다 함께 방문 가능한 요일과 시간을 2~3개 정하여 기록한 뒤 전화하는 것이 좋다.

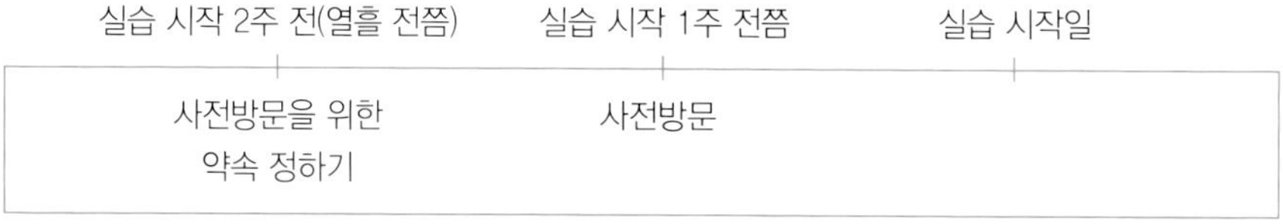

[그림 2-6] **실습기관 사전방문 시기**

전화로 사전방문 약속 정하기 예	
	안녕하세요? ○○어린이집이지요? 저는 이번에 ○○어린이집에서 실습하게 된 ○○대학교 ○○○입니다. *※ 여러 명이 실습하는 경우, "그리고 ○명의 친구가 더 있습니다." 라고 알리기* 다름이 아니고, 실습을 시작하기 전에 먼저 방문하여 선생님들께 인사를 드리고, 실습 시 유의사항 등을 듣고 싶어서 전화 드렸습니다. 혹시 가능하시다면, ○요일이나 ○요일 ○시쯤 찾아뵈어도 될까요? …… 그럼, ○요일 ○시까지 찾아뵙도록 하겠습니다. 그리고 혹시, 제가 그날 가져가야 할 서류가 있을까요? …… 그럼, 말씀해 주신 서류들을 준비해서 ○요일 ○시까지 찾아뵙도록 하겠습니다. 안녕히 계세요.

2) 사전방문하기

사전방문 시 기관에 제출할 서류를 꼼꼼히 준비하고, 준비된 서류들은 비닐파일이나 서류봉투에 넣은 후 겉면에 학교 명, 실습생 학번과 이름을 모두 기입하는 것이 좋다. 방문 시에는 복장과 용모를 단정하게 하여 긍정적 인상을 주도록 할 수 있다. 그리고 필기도구를 준비하여 실습 유의사항 등을 기록하는 것이 좋다.

동일한 기관에 여러 명이 실습을 나가는 경우에는 같은 시간에 도착할 수 있도록 출발하는 것이 좋으며, 근처에서 만나 함께 방문한다. 도착하기 1시간 전쯤에는 다시 한번 기관에 연락하여 선생님들이 사전방문을 재인지할 수 있도록 돕는 것이 좋다.

사전방문 재인지를 위한 전화 예

방문을 하여서는 마주치는 모든 교직원에게 밝은 표정으로 공손히 인사를 하고, 실습지도 선생님이 해 주시는 말씀을 잘 기록해야 한다. 실습을 할 때 필요한 준비물이나 유의사항, 실습을 하게 되는 연령과 교실, 실습 첫날 출근 시간을 질문하고, 기록해 두는 것이 좋다.

3. 준비물

실습을 위한 준비물로는 이름표, 앞치마, 실습일지, 필기도구, 실내화(덧신 등), 개인용품 등이 필요하다.

이름표와 앞치마는 학교에서 제공해 주는 경우가 대부분이므로 학교에서 받아서 잘 챙겨 두는 것이 좋으며, 앞치마의 경우 주말 동안 깨끗이 세척하고, 주름이 가지 않도록 단정하게 관리하는 것이 좋다. 이름표는 앞치마의 왼쪽 가슴에 달아 둔다.

실습일지는 학교나 실습기관에서 제공받아 작성하며, 학교에서 제공받은 경우에는 실습 첫날 실습 지도교사에게 보여 주는 것이 좋다. 실습 지도교사의 지시에 따라 실습기간 동안 관찰기록지, 일지, 활동계획안 등을 작성하고, 점검 받아야 한다.

필기도구는 작은 수첩과 볼펜을 준비한다. 이는 관찰기록이나 중요 공지사항 등을 적기 위함이다. 따라서 볼펜은 여러 가지 색이 한꺼번에 있는 볼펜 한 개를 준비하는 것이 보다 간편하고 유용하다고 할 수 있다. 그리고 수첩과 볼펜은 주로 앞치마 주머니에 넣어 두고, 필요시마다 꺼내어 사용할 수 있다.

실내화의 경우에는 대부분 덧신을 사용하는 경우가 많으나, 기관에 따라 다르니 사전방문 때 질의하거나 기관의 교사들을 살펴서 동일한 것으로 준비하는 것이 좋다. 또한 실내에서는 절대 맨발로 다니지 않도록 주의를 기울여야 한다.

그 밖에도 개인용품으로 칫솔과 도시락, 개인 컵 등을 준비할 수 있다. 개인용품의 준비와 사용에 대해서는 기관에 먼저 질의하고, 준비하는 것이 좋다.

제3장

실습생의 역할과 자세

이 장은 실습생의 역할과 자세에 대해 이해하도록 함으로써 실습에 임하는 올바른 태도와 자세를 기르는 것을 목표로 한다.

1. 일반적인 실습생의 역할과 자세
2. 실습 기간에 따른 실습생의 역할과 자세
3. 하루일과에 따른 실습생의 역할과 자세

1. 일반적인 실습생의 역할과 자세

실습을 하는 기관에 따라 중점을 두고 요구하는 교사의 역할과 실습생의 역할이 조금 다르다고 할 수 있다. 보육실습 기관에서의 보육교사의 일반적 역할, 실습생에게 요구되는 역할은 다음과 같다.

1) 보육교사의 일반적인 역할

김경애(2000)가 여러 학자들의 의견을 종합한 일반적인 보육교사의 역할은 다음과 같다.

① 양육대행자

가정을 대신해 영유아의 건강과 안전을 관리하고 돌보아야 한다.

② 학습촉진자

영유아 놀이를 관찰하고, 놀이를 지원할 수 있도록 영유아 흥미와 발달에 적합한 교재교구와 활동을 마련하여 잠재된 학습 능력을 길러 주어야 한다.

③ 생활지도자

올바른 기본생활습관과 기본예절을 행할 수 있도록 안내하고 지원해야 한다. 교사의 모델링, 긍정적 강화와 반복을 통해 행동의 변화를 이끌어야 한다.

④ 상호작용자

보육의 질 향상을 위해 영유아의 민감한 요구에 즉각적으로 따뜻하게 반응하고, 지속적으로 일관되게 상호작용하면서 바람직한 발달을 이끌어야 한다. 또한, 교사와 긍정적 애착관계를 형성하도록 노력해야 한다.

⑤ 지역사회와의 관계 유지

지역사회의 복지 향상에 기여하도록 노력해야 한다. 부모상담 및 부모교육 등을 통해 올바른 양육지식을 안내할 수 있어야 하며, 보육을 위한 지역사회의 공동체적 노력의 중요성에 대해 안내하고, 지역사회와 함께 보육할 수 있도록 노력해야 한다.

2) 실습생에게 요구되는 역할

위에서 살펴본 보육교사의 역할 중 실습생에게 주로 요구되는 역할은 다음과 같다.

① 양육대행자

실습 지도교사의 지시에 따라 영유아의 건강과 안전을 위해 보호하고, 관리하는 역할을 해야 한다.

② 학습촉진자

영유아 놀이를 관찰하고, 놀이를 지원할 수 있도록 영유아 흥미와 발달에 적합한 교재교구와 활동을 마련하여 잠재된 학습 능력을 길러 주어야 한다.

③ 생활지도자

실습 지도교사의 생활지도 방식에 맞춰 영유아들의 기본생활습관이나 기본예절을 안내하고 지도해야 한다.

④ 상호작용자

영유아의 요구에 즉각적으로 반응하고, 정서적으로 지지해 주고, 지원해 주어야 한다.

표 3-1 일반적인 보육교사의 역할과 실습생에게 요구되는 역할

일반적인 보육교사의 역할	실습생에게 요구되는 주된 역할
양육대행자 학습촉진자 생활지도자 상호작용자 지역사회와의 관계 유지	양육대행자 학습촉진자 생활지도자 상호작용자

참고: 김경애 (2000).

3) 일반적인 실습생의 자세

실습생은 다음의 태도를 가지고 실습에 임해야 한다.

첫째, 영유아를 존중하는 태도
둘째, 영유아에게 올바른 모델링이 되려는 태도
셋째, 실습을 성실히 하는 태도
넷째, 근면하게 실습 관련 업무를 처리하는 태도
다섯째, 실습에 적극적인 태도
여섯째, 조직문화를 이해하여 공손하고 친절한 태도

실습에 임하는 자세 평가

아래 항목을 읽고, 자신의 생각을 솔직하게 평가하여 1~5점 점수 중 하나에 '○' 체크해 보세요.

번호	평가 항목	아니다 ⟶				그렇다
1	놀이 중심 보육목표를 달성할 수 있는 보육내용을 영유아의 흥미, 수준에 근거하여 적합하게 선정할 것이다.	1	2	3	4	5
2	영유아의 흥미와 능력, 사전 놀이 경험을 잘 관찰하여 영유아 지도 계획에 활용할 것이다.					
3	놀이에 기초한 보육활동이 적절하게 계획되고 성실하게 준비되어 실행에 무리가 없도록 할 것이다.					
4	놀이에 기초한 보육활동 계획에 따라 자료 준비를 충실히 할 것이다.					
5	영유아의 행동을 민감하게 파악하며 상호작용에 최선을 다할 것이다.					
6	다양한 흥미영역에 고루 참여하여 영유아의 놀이가 지속되고, 확장되도록 놀이를 촉진할 것이다.					
7	영유아의 기본생활습관이 형성되도록 동기를 잘 유발할 것이다.					
8	놀이활동 시 교사로서 다양한 교수법을 활용하여 효과적으로 활동을 이끌 것이다.					
9	영유아의 부정적 정서나 갈등 상황을 잘 파악하여 긍정적으로 수용하고 적절하게 해결되도록 지도할 것이다.					
10	영유아의 개별적 특성, 개인차를 고려하여 지도할 것이다.					
11	영유아를 존중하는 언어를 사용하고, 영유아가 잘 알아들을 수 있도록 어휘, 발음, 음성의 고저, 빠르기 등에 노력을 기울일 것이다.					
12	관찰기록지 및 실습일지의 내용과 평가 등을 성실히 기록할 것이다.					
13	영유아의 안전, 위생, 건강에 각별히 신경을 쓸 것이다.					
14	영유아의 낮잠, 간식, 점심, 배변활동, 이 닦기, 손 닦기, 옷 입기 등 일상생활을 영유아 스스로 즐겁게 할 수 있도록 지도할 것이다.					
15	통풍, 채광, 정리정돈 등 청결한 실내환경을 위해 노력할 것이다.					

16	실습기관의 지도 방침에 적극 협력할 것이다.					
17	실습 지도교사와의 관계를 원만히 유지하며 성실히 임할 것이다.					
18	실습 동료들과 잘 협력할 것이다.					
19	영유아의 놀이를 평가하고, 놀이 지원활동을 계획하고 적절히 운영하고자 관련 문헌이나 전문서적을 찾아보고 노력할 것이다.					
20	실습을 통해 교사로서의 전문성이 스스로 향상되도록 노력할 것이다.					
합계						

*평가 결과를 토대로 부족한 자신의 태도를 점검하고, 새롭게 마음가짐을 다질 수 있도록 해야 할 것임.

이 외에도 출근시간을 엄수하여야 하며, 근무 중 전화기 사용을 가급적 피하고, 실습일지 및 활동계획안 제출 시간을 엄수하는 것이 필요하다. 또한 용모와 복장을 단정히 해야 하며, 영유아를 부를 때는 영유아를 존중하여 "야!", "너!"라고 부르기보다는 영유아의 이름을 부르려고 노력해야 한다.

실습생의 용모와 복장

- 일상생활 시 복장 관리
  - 하의는 치마보다는 단정한 바지 정장이 적절하며, 길이가 긴 것보다는 발목 정도의 길이로 활동하기 편한 것이 좋음. 또한 바지의 품이 너무 타이트하지 않고, 활동이 편하도록 여유가 있는 것이 좋음
  - 상의는 노출이 없으며, 단정한 것이 좋음. 구슬이나 끈 등이 늘어뜨려지는 옷은 영유아의 안전에 좋지 않음
  - 앞치마도 위생이나 구김 관리의 필요가 있음
- 현장체험활동(견학) 시 복장 관리
  - 현장체험활동(견학) 시 영유아의 안전을 위해 위급하게 대처하는 경우가 있을 수 있으므로 활동적인 복장이 좋음. 청바지나 운동화 차림이 좋으며, 찢어지거나 타이트한 청바지는 피하는 것이 좋음

- 화장이나 장신구 관리
  - 등하원 시 부모님들을 마주 대할 수 있으므로 교사로서의 신뢰감을 주기 위해 지나친 화장은 피하는 것이 좋으며, 화려한 장신구도 영유아의 안전에 좋지 않음
- 머리 관리
  - 긴 머리를 늘어뜨리는 경우, 영유아와의 상호작용에 장애가 되고, 교사의 시야를 가릴 수 있으며, 점심식사를 하는 기관에서는 위생적이기 어려움. 따라서 머리를 귀 뒤로 넘겨 단정히 묶는 것이 좋음
- 휴대전화 관리
  - 일과 동안에는 일과에 집중하기 위해서 휴대전화의 전원을 꺼두고, 가방 속에 넣어 두는 것이 좋음

2. 실습 기간에 따른 실습생의 역할과 자세

실습 기간에 따라 주로 다음의 역할들이 주(主)가 된다.

실습 초반	실습 중반	실습 마무리
• 관찰 –영유아 놀이 관찰 –실습 지도교사의 역할 관찰 –영유아와 실습 지도교사 간 상호작용 관찰 • 실습 지도교사 보조	• 활동 계획 및 운영 –놀이활동 –일상활동	• 하루일과 계획 및 운영 • 교재교구 제작 및 놀이지도

위 역할은 기관에 따라 조금씩 다를 수는 있다. 역할에 따라 실습생에게 요구되는 자세는 다음과 같다.

실습 초반	실습 중반	실습 마무리
• 영아와 친밀해지기 (이름 익히기) • 실습 지도교사의 지도 방식과 역할 이해하기	• 실습 지도교사와 활동 계획 협의 • 계획안 기한 내 제출	

3. 하루일과에 따른 실습생의 역할과 자세

하루일과에 따른 실습생의 역할과 자세는 영아에 보다 중점을 두고, 내용을 제시하였다. 우선, 영아 발달에 적합하게 요구되는 역할과 자세를 정리하면 다음과 같다.

표 3-2 영아 발달에 적합한 실습생의 역할과 자세

역할	자세
일상적 양육	• 수유와 이유를 적극적으로 돕기 • 기저귀 갈이를 적극적으로 돕기 • 편안한 분위기에서 잠재우기 • 점심 및 간식을 즐거운 분위기에서 할 수 있도록 돕기 • 치아 관리를 영아 발달에 적합하게 돕기
사회정서적 친밀한 상호작용	• 애정적 태도를 보이기(안아 주기, 미소 짓기, 공손한 말투 등) • 영아 표현에 반응하기(모방하기, 칭찬해 주기 등)
안전 관리	• 개별적 보살핌을 통해 안전 관리하기 • 주변의 위험 요소를 안전하게 변경하거나 위험함을 알리기
개별적 놀이지도	• 개별 영아 발달에 적합한 놀이 및 활동을 지원하기 • 사회성 발달을 위해 점차 또래와의 놀이가 가능하도록 지원하기

영아반 하루일과에 따른 실습생의 역할과 자세는 실습 초반을 염두에 둔 것으로 이를 미리 인지하도록 함으로써 실습 초반에 실습생들의 기관 적응을 도울 수 있을 것이다.

1) 등원 전

- 실습 지도교사에게 등원 전 해야 할 일에 대해 질문하고, 하루일과 준비를 돕기
- 미세먼지 농도를 확인하고, 미세먼지가 없는 경우 교실 창문을 열어 환기시키기
- 교실을 둘러보고 교재교구를 점검하기

2) 등원 시

- 실습 지도교사를 따라 영아와 양육자 맞이하기
- 실습 지도교사가 영아를 맞이하는 방식이나 교실로 안내하는 방식, 양육자와 안정적으로 헤어지도록 하는 방식을 관찰하여 따라 하기
- 양육자와의 면담을 통해 배변 상태, 수면시간, 식사 여부 등을 확인하여 지도교사에게 알리기
  특히, 만 1세 미만인 경우 건강 상태, 수유 여부 등을 확인하여 알리기

3) 실내자유놀이

- 영아 흥미에 따라 놀이하도록 격려하기
- 함께 놀이하며 적절하게 놀이 지원하기
- 놀이 동안 안전 관리에 유의하기
- 일상적 양육(수유, 기저귀 갈이, 낮잠 등)에 대한 요구가 있는지 살피고, 도와주기
- 사회정서적 친밀한 상호작용하기

- 정리정돈은 교사가 도와주며, 지원해 주기
- 문제 상황이 발생한 경우, 즉각 실습 지도교사에게 알리기
- 실습 지도교사의 계획된 놀이활동 지도 돕기

4) 실외놀이

- 실외로 이동하는 동안 안전에 주의하기
- 신발을 신거나 벗는 것을 도와주기
- 옷차림이 실외놀이에 위험하지 않은지 점검하기(긴 끈, 목도리 등)
- 영아의 흥미에 따라 놀이하도록 격려하기
- 함께 놀이하며 적절하게 놀이 지원하기
- 놀이 동안 안전 관리에 유의하기
- 일상적 양육(기저귀 갈이, 배변 등)에 대한 요구가 있는지 살피고, 도와주기
- 사회정서적 친밀한 상호작용하기
- 정리정돈은 교사가 도와주며, 지원해 주기
- 문제 상황이 발생한 경우, 즉각 실습 지도교사에게 알리기
- 실습 지도교사의 계획된 놀이활동 지도 돕기
- 손을 깨끗이 씻을 수 있도록 도와주기

5) 기저귀 갈이

- 만 1세 미만 영아의 경우, 기저귀 가는 영역에서 편안한 분위기에서 갈아 주고, 물휴지나 물로 엉덩이를 깨끗이 닦아 주어 쾌적함을 느끼도록 하기
- 만 1~2세 영아의 경우, 얼굴 표정이나 행동을 세심히 관찰하여 대소변

이 마려운지 확인하고, 변기에서 배변을 할 수 있도록 돕기
- 화장실을 스스로 사용할 수 있는 경우, 영아가 원할 때 화장실을 스스로 가도록 하고, 화장실 사용을 적절하게 잘 하도록 지원해 주기
- 실수를 한 경우, 우선 마음이 안정되도록 다독여 주고, 실습 지도교사에게 알린 후 지도교사를 도와 깨끗이 씻긴 후, 여벌 옷으로 갈아입히기

6) 간식 및 점심식사

- 실습지도 교사의 지시에 따라 영아 발달을 고려하여 먹는 것을 지원해 주기
- 숟가락이나 포크 잡는 것을 지원해 주기
- 혼자 먹는 것을 지지하기
- 제공된 음식에 대해 호기심을 갖고, 먹고자 하는 동기를 갖도록 도와주기
- 골고루 먹는 것에 대해 긍정적으로 반응해 주기
- 식사 후 치아 관리를 실습 지도교사의 지시에 따라 영아 발달에 적절하게 도와주기

7) 낮잠

- 실습 지도교사를 따라 낮잠 분위기를 조성하기
- 편안한 분위기에서 낮잠을 잘 수 있도록 돕기
- 낮잠 자는 동안 영아가 안전하게 잘 수 있도록 관찰하기
- 낮잠에서 깨어날 때도 편안하게 깰 수 있도록 분위기를 조성하기
- 낮잠 자지 않은 영아에게 조용히 동화 등을 들려주기

8) 귀가 시

- 귀가 동의서에 작성된 지정된 양육자에게 영아를 인계하기
- 기관에서의 수면, 식사, 배변 상태 등을 양육자에게 알리기
- 기타 투약 사항이 있는 경우, 투약 보고서를 챙겨 주고, 가정에서 가져온 소지품도 챙겨 주기

9) 귀가 후

- 교실 청소 및 교재교구 정리정돈하기
- 실습 지도교사의 오늘 활동 마무리 및 내일 활동 준비를 도와주기
- 관찰기록 및 일지 작성하기

10) 기타

- 문제(위급) 상황 발생 시 즉각적으로 실습 지도교사에게 알리고 교사의 지시에 따라 처리를 도와주기
- 영아가 문제행동을 보인 경우, 영아를 직접 혼내기보다는 실습 지도교사에게 알리기

위 역할은 기관에 따라 조금씩 다를 수 있으므로 하루일과에 따른 구체적 역할을 실습 지도교사에게 질문하여, 기관과 교사의 지도 방식에 맞게 역할 수행하는 것이 적합하다.

제4장

영아와의 상호작용 방법

이 장은 보육실습 시 경험하는 영아와의 상호작용에 중점을 둔 것으로, 영아 발달에 적합한 상호작용 능력을 기르는 것을 목표로 한다.

1. 연령에 따른 상호작용
2. 흥미영역별 놀이 상호작용

1. 연령에 따른 상호작용

1) 만 0~1세 영아와 상호작용

(1) 만 0~1세 영아 발달 특성

언어 발달과 관련하여 대체로 만 0~1세 영아의 언어 발달 특성은 주로 듣기가 발달한다. 따라서 듣기를 기초로 이후 말하기 표현이 발달해 간다고 할 수 있다.

영아기 첫 의사소통을 위한 표현은 울음이라고 할 수 있다. 자신의 욕구를 타인에게 알리기 위해 가장 먼저 울음으로 소통을 시도하며, 이후 영아 시기 동안 자신의 효과적 의사소통 방법으로 가장 많이 활용한다.

울음 다음으로 의사소통을 시도하는 방법은 옹알이이며, 생후 6~8개월이 되면 옹알이를 하기 시작한다. 옹알이는 주로 타인의 반복되는 소리를 듣고, 모방하면서 만들어 낸다.

생후 1년쯤 되면 말을 하기 시작하며, 거의 일어문 형식으로 주로 들었던 단어를 표현하며 '엄마', '맘마' 등의 사용이 일반적이다. 생후 16~18개월이 되면, 두 단어를 사용하기 시작한다. 이때 반복적으로 사용되는 어휘에 관심을 기울이고, 어휘의 의미를 파악하여 주축문법을 활용해 소통하려고 한다. 주축문법이란 주가 되는 단어를 고정으로 두고, 다른 단어를 변화시켜 가며 말하는 것으로, 예를 들어 엄마 쉬, 엄마 우유, 엄마 추워 등이 있다. 여기서 주축어는 엄마이며, 개방어는 쉬, 우유, 추워이다.

신체 발달과 관련하여 만 0~1세 영아는 배밀이부터 이동 능력이 발달하면서 주변 환경에 대한 호기심이 왕성해져서 정적인 자세를 유지하기가 힘들다. 또한, 이 시기 영아의 신체 발달을 돕기 위해서는 걷기 시작하기까지의 대근육 운동능력 발달 순서를 이해하고, 순서에 적절한 지원 노력이 요구된다.

인지 발달과 관련하여 만 0~1세 영아 시기는 인지 발달을 위한 대뇌피질의 기초 공사가 이루어지는 시기이므로 다양한 오감각적 경험을 통한 주변 환경에 대한 이해가 중요한 시기라고 할 수 있다. 또한, 뇌 발달 특성상 변연계의 수초화가 일어나는 시기로 모든 오감각적 경험에 긍정적 정서 경험이 함께 수반되어야 하는 시기이다.

사회정서 발달 측면에서는 양육자와의 안정적 애착 형성이 이루어져야 하는 중요한 시기라고 할 수 있으며, 사회적 관계 속에서 신뢰감과 불신감의 균형을 경험하고, 구강기의 욕구를 적절히 충족하면서 자아존중감의 기초를 형성하는 시기라고 할 수 있다. 또한, 또래와의 관계보다는 나 자신에 대한 이해와 긍정적 자아를 인식하도록 돕는 것이 필요하며, 놀이에 있어서도 관심 있는 놀이를 발견하여 선택하고, 몰입하여 놀 수 있도록 돕는 지원이 필요하다.

(2) 만 0~1세 영아와 상호작용 방법

만 0~1세 영아의 발달 특성을 고려한 상호작용 방법은 다음과 같다.

첫째, 반응적 상호작용

우는 표현에 있어서는 만 0~1세 영아의 경우, 문제행동이라고 여기고 훈육하려고 하기보다는 영아의 불편함이나 욕구가 무엇인지 파악하려는 노력이 필요하다. 또한 영아의 문제를 해결해 주기 위해 적극 도와야 한다.

또한, 옹알이를 하는 경우, 영아의 옹알이를 따라 해 주거나 새로운 자음과 모음의 결합을 반복적으로 들려주는 등 반응적 상호작용을 통해 영아의 언어 발달을 효과적으로 도울 수 있다.

둘째, 반복적 어휘를 사용한 상호작용

영아 시기는 듣기를 통해 말하기 표현 능력을 발달시켜 나가므로 듣는 즐거움을 느끼도록 상호작용해 주는 것이 좋다. 따라서 의성어, 의태어 중심으로 반복적으로 들려주거나 영아에게 의미 있는 단어를 반복적으로 사용하여 상호작용하는 것이 좋다.

셋째, 오감감적 경험을 활용한 상호작용

영아 시기는 오감각적 경험이 중요하므로 실제 보고, 만지고, 느끼는 경험의 기회를 주고, 이해한 것에 대해 말로 표현해 들려주는 것이 좋다. 예를 들어, 공을 만지고 있는 영아에게 "동글동글 공을 만지고 있구나."라고 표현해 줌으로써 감각 경험을 통한 주변 환경의 이해를 돕는 것이 좋다. 이때에도 의성어, 의태어를 중심으로 들려주는 경우, 영아로 하여금 시각적, 감각적, 청각적 인지가 함께 가능하므로 인지 발달에 효과적이라고 할 수 있다.

넷째, 긍정적 정서를 고려한 상호작용

영아들이 상호작용하는 동안 양육자나 교사로부터 긍정적 정서표현을 경험하도록 하는 것이 중요하므로 이를 위해 말투나 표정, 태도에서 애정적 표현이 느껴지도록 주의해야 한다.

다섯째, 단독놀이 지원을 위한 상호작용

영아들은 아직 또래관계 형성을 위한 사회성이 발달하지 못하였고, 긍정적 자아 인식이 중요한 시기이므로 기관의 놀이 중 흥미로운 놀이를 발견하고, 스스로 선택한 후 몰입하여 놀이할 수 있는 경험의 기회를 제공해야 한다.

만 0~1세 영아와 상호작용 예

2) 만 2~3세 영아와 상호작용

(1) 만 2~3세 영아 발달 특성

언어 발달과 관련하여 생후 24개월쯤 되면 언어 발달 특성상 어휘 표현이 폭발적으로 늘어나는 시기로 여러 사물의 이름을 알고자 하며, 간단한 문법을 다양한 상황에 폭넓게 활용한다. 이때, 문법적 오류는 있지만, 말하기를 매우 즐기게 된다.

또한 신체 발달과 관련하여 자유로운 신체표현이 가능한 시기라고 할 수 있다. 만 1세쯤 걷기 시작하면서 만 2세 영아는 기본동작(걷기, 뛰기)이 점차 능숙해지는 시기로 기본동작을 기초로 한 발 뛰기 등의 자유로운 신체표현이 가능해진다. 따라서 동작 경험을 통한 인지 발달이 가능해지며, 정적인 자세보다는 동적인 자세를 선호하게 된다.

인지 발달과 관련하여 만 0~1세와 마찬가지로 오감각적 경험을 통해 대뇌

피질의 기초 공사가 이루어지는 시기라고 할 수 있으며, 오감각적 경험을 통해 기존에 이해한 것들을 기억하거나 분류하는 인지 능력이 발달하며, 새로운 환경에 대한 이해도 하게 된다. 이때에도 뇌 발달 특성상 변연계의 수초화가 이루어지는 시기이기 때문에 긍정적 정서 경험이 중요하다.

사회정서 발달 측면에서는 여전히 양육자와의 안정적 애착 형성과 교사와의 2차 안정적 애착 형성이 이루어져야 하는 중요한 시기라고 할 수 있다. 그리고 사회적 관계 속에서 자율성과 수치심의 균형을 경험하고, 항문기의 욕구를 적절히 충족하면서 자아존중감의 기초를 형성하는 시기라고 할 수 있다. 또한, 나에 대한 인식을 기초로 타인을 인식하는 시기이므로 또래에 관심을 갖고, 나와 다름을 존중하고 인식하도록 도와야 한다.

(2) 만 2~3세 영아와 상호작용 방법

만 2~3세 영아의 발달 특성을 고려한 상호작용 방법은 다음과 같다.

첫째, 리듬감 있는 어휘를 사용한 상호작용

이 시기는 말하기를 즐기는 시기이므로 간단한 답이 가능한 질문을 영아에게 해 주는 것이 좋으며, 단어를 반복하여 들려주거나, 문장을 리듬감 있게 들려주고, 따라 하도록 하는 것이 효과적이다. 따라서 노래나 동화를 들려주고, 따라 하도록 하는 것이 매우 언어 발달에 도움이 되며, 이때에도 의성어, 의태어를 활용하는 경우 보다 즐겁게 언어 발달을 도모할 수 있다.

특히, 말하기가 폭발적으로 이루어지는 시기이므로 부적절하게 발음하는 경우나 문법적으로 잘못 말하는 경우가 다반사이다. 이때 정확한 말하기를 위해 양육자나 교사가 엄격한 태도로 교정해 주는 것은 영아로 하여금 말하는 것에 대해 즐거움 대신 두려움을 가지도록 하며, 자신감을 상실하도록 할 수 있으므로 즐기는 것에 목적으로 두고 긍정적으로 상호작용하도록 노력해야 한다.

둘째, 신체표현을 활용한 상호작용

이 시기는 신체 움직임을 즐기는 시기이고, 단어의 의미를 이해할 때도 신체 표현, 즉 율동을 활용하면 보다 쉽게 의미를 이해할 수 있다. 따라서 노래를 들려주거나 동화나 간단한 이야기를 들려줄 때 적절한 신체표현을 함께 사용하는 것이 흥미 유발 및 의미 파악에 도움이 된다.

셋째, 오감감적 경험을 활용한 상호작용

이 시기는 여전히 오감각적 경험이 중요하므로 실제 보고, 만지고, 느끼는 경험의 기회를 주고, 이해한 것에 대해 말로 표현해 주고, 영아로 하여금 표현해 보도록 격려하는 것이 좋다. 또한, 과거의 경험을 기억해 보게 하거나 비슷한 경험끼리 분류해 보고, 차이점을 생각해 보도록 하는 것도 좋다.

넷째, 긍정적 정서를 고려한 상호작용

영아들이 상호작용하는 동안 양육자나 교사로부터 긍정적 정서표현을 경험하도록 하는 것이 중요하므로 이를 위해 말투나 표정, 태도에서 애정적 표현이 느껴지도록 주의해야 한다.

다섯째, 또래에 대한 관심을 고려한 상호작용

이 시기 영아들은 또래에 관심을 가지고 또래와 내가 다름을 인식하고, 다름을 존중하는 태도를 기르는 것이 중요하다. 따라서 놀이활동 중 또래에 관심을 가지고, 다름을 이해하고 존중하도록 도와주어야 한다.

만 2~3세 영아와 상호작용 예

2. 흥미영역별 놀이 상호작용

영아반은 발달 특성에 따라 흥미영역 구성이 다르다. 연령에 따른 흥미영역 구성은 다음과 같으며, 영아 흥미에 따라 융통성 있게 구성이 가능하다.

표 4-1 영아 연령에 따른 흥미영역 구성

연령	일상생활영역	놀이영역
만 0세	수유, 기저귀 갈이, 낮잠영역	신체, 언어, 감각 · 탐색영역
만 1세	수유, 기저귀 갈이, 낮잠영역	신체, 언어, 감각 · 탐색, 역할 · 쌓기영역
만 2세	낮잠영역	신체, 언어, 감각 · 탐색, 역할 · 쌓기, 미술, 음률영역

출처: 보건복지부 (2013).

영역별 놀이 시 영아와의 상호작용 방법은 다음과 같다.

1) 수유영역

수유영역은 영아에게 우유나 이유식을 먹이는 영역으로 냉장고, 우유병과 젖꼭지 소독을 위한 도구, 영아용 식사 테이블 등이 있다. 따라서 교사는 편안한 분위기에서 영아가 즐겁고 편안하게 수유 및 식사하도록 도와야 하며, 이때 교사의 자세와 말투를 주의해야 한다.

2) 기저귀 갈이영역

기저귀 갈이영역은 만 1세 이하를 위해서는 매트, 기저귀, 물휴지, 파우더, 휴지통, 모빌 등이 있으며, 만 1~2세 영아를 위해서는 영아용 변기 또는 이동식 변기, 개수대, 휴지, 수건, 물비누, 휴지통, 변기 사용법, 손 씻는 순서와 방법의 사진이 있다.

만 1세 미만 영아의 경우에는 하루에도 여러 번 기저귀 갈이를 하므로 수시로 기저귀 상태를 체크하여 청결함을 유지하도록 갈아 주는 것이 좋다. 또한, 다 쓴 기저귀는 깨끗이 처리하여 교실 환경을 깨끗하게 유지해야 한다. 만 1~2세 영아 중 배변 훈련을 시작한 영아의 경우에는 편안한 분위기에서 영아용 변기에 앉아 배변을 할 수 있도록 도와야 하며, 영아의 배변 욕구 표현에 주의를 기울여야 한다. 혹은 교사가 먼저 배변 욕구가 있는지 물어볼 수 있다. 또한 배변 후 손 씻기를 하도록 해야 하며, 변기를 사용한 직후 깨끗이 치워 주어야 한다. 그리고 영아의 올바른 배변 행동에 대해 칭찬해 주어야 한다.

3) 낮잠(휴식)영역

낮잠(휴식)영역에는 담요와 베개, 푹신한 의자, 깔개, 그림책, 인형 등이 있다. 만 1세 미만 영아는 하루에 여러 번 낮잠을 자므로 편안하게 잘 수 있도록 도와주어야 하며, 만 1~2세의 경우에는 낮잠 시간이 줄지만, 활동량이 많아 낮잠이나 휴식이 필요하므로 낮잠을 잘 수 있는 분위기를 조성해 주어 편안하게 수면을 취하도록 해야 한다. 만약 잠을 자지 않는 경우에는 강요하기보다는 동화 들려주기 등을 통해 편안한 자세에서 휴식을 취하도록 도와야 한다.

4) 신체영역

신체영역에는 영아가 자신의 움직임을 관찰하고, 흥미를 보일 수 있는 안전 거울, 대근육 움직임 발달을 위한 바퀴 달린 놀잇감, 실내종합놀이기구, 공, 자동차 등이 있으며, 소근육 움직임 발달을 함께 도모할 수 있는 볼링놀이 등이 있다.

신체영역에서 교사는 게임, 새 노래 배우기, 동작활동 등의 다양한 신체활동을 준비하여, 흥미를 보이는 영아와 함께 활동하고, 다양한 신체 움직임을 모델링을 통해 보여 주는 것이 좋으며, 영아의 다양한 신체 움직임을 언어로 표현해 주며 격려해 주는 것이 좋다.

5) 언어영역

언어영역에는 편안한 분위기의 소파와 쿠션이 있으며, 다양한 그림책과 가족 사진, 친구 사진, 퍼펫 등이 있다.

언어영역에서 교사는 동화활동을 준비하여 흥미를 보이는 영아에게 편안한 분위기에서 듣기와 말하기를 즐기도록 그림책 등을 읽어 주는 것이 좋으며, 영아가 아는 사물이나 동물 등이 등장하면 영아에게 질문하여 명칭이나 특징 등을 표현해 보도록 하는 것도 좋다. 의성어나 의태어를 활용해 들려주는 것이 좋으며, 중요 단어는 반복해 들려주는 것이 좋다.

6) 감각 · 탐색영역

감각 · 탐색영역에는 오감각 경험과 소근육 조작이 이루어질 수 있는 모빌, 딸랑이, 다양한 질감의 미술(조형) 재료 및 과학 탐색 자료 등의 교재교구가 있다.

감각 · 탐색영역에서 교사는 미술(조형)활동, 과학(요리)활동을 준비하여 흥미를 보이는 영아와 함께 활동하고, 활동하는 동안에는 영아가 스스로 탐색하고 조작하도록 격려해 주는 것이 좋으며, 감각적 경험을 말로 표현하여 주는 것도 좋다. 또한, 다양한 탐색과 조작이 가능하도록 교사가 먼저 시범 보이거나 지원해 줄 수 있다.

7) 역할영역

역할영역에는 영아가 주로 경험하는 가정에서의 역할을 놀이로 표현할 수 있도록 이를 위한 다양한 인형, 부엌용품 등의 가정 역할 놀잇감이 있다.

역할영역에서 교사는 영아가 일상의 역할과 사건, 소품을 가작화를 할 수 있도록 도울 수 있으며, 영아와 함께 놀이하면서 놀이에 집중하고, 확장할 수 있도록 도울 수 있다.

8) 쌓기영역

쌓기영역에는 가볍고 크기가 너무 작지 않은 블록, 동물 소품 등이 있다.
쌓기영역에서 교사는 영아가 다양한 블록을 활용해 구성해 보도록 도울 수 있으며, 이때 수학적 개념의 언어(모양, 균형, 공간 등)를 표현함으로써 다양한 구성을 지지할 수 있다.

9) 미술영역

미술영역에는 다양한 크기와 재질의 종이, 크레파스, 색연필 등 그리기 도구, 폐품, 안전가위, 풀, 접착용 테이프, 밀가루 반죽, 풀물감 등이 있다.

미술영역에서 교사는 미술(조형)활동을 준비하여 흥미를 보이는 영아와 함께 활동하고, 활동하는 동안에 영아가 다양한 미술 재료를 탐색할 수 있도록 도우며, 영아의 창의적 표현을 언어적으로 기술하며 격려할 수 있어야 한다. 또한 완성한 것에 대해 교사가 긍정적 표현을 해 주며, 영아의 이름을 적어 주고, 무엇을 표현한 것인지 듣고, 글로 적어 줌으로써 자신감과 성취감을 느끼도록 할 수 있다.

10) 음률영역

음률영역에는 리듬악기(탬버린, 마라카스, 북 등), 카세트 등이 있다.

음률영역에서 교사는 새 노래 배우기 활동을 준비하여 흥미를 보이는 영아와 함께 활동하고, 활동하는 동안에 영아가 노래 부르기나 악기 표현을 자유롭게 할 수 있도록 도울 수 있으며, 악기 사용에 있어서 잘못된 것을 지적하기보다는 정서적 스트레스를 해소할 수 있도록 돕는 것이 중요하다.

제5장

활동계획 방법

이 장은 활동계획 방법을 영아 발달에 적합한 보육목표에 따라 이해하도록 함으로써 활동계획 및 운영 능력 기르는 것을 목표로 한다.

1. 활동계획의 유의점
2. 연간보육계획
3. 월간보육계획
4. 주간보육계획
5. 일일보육계획

이 장은 활동계획 방법을 영아 발달에 적합한 보육목표에 따라 이해하도록 함으로써 활동계획 및 운영 능력 기르는 것을 목표로 한다.

1. 활동계획의 유의점

일일 활동을 위해서 어린이집은 표준보육과정을 바탕으로 각 기관의 실정에 적합한 계획을 수립하여 운영해야 한다. 2020년 개정된 「제4차 표준보육과정」은 계획의 자율성과 놀이를 지원하는 계획을 강조하고 있다. 따라서 계획안은 기관과 교사의 재량에 따라 자유롭게 수립될 수 있으며, 영유아의 경험이 교육적 가치를 가지도록 놀이를 중심으로 교사의 지원방안을 계획해야 한다. 특히, 놀이 지원계획을 할 때는 영유아의 놀이를 지원하기 위해 필요한 사항을 미리 생각하여 준비하는 모든 과정이 가능한 포함되도록 계획해야 한다. 따라서 활동계획과 관련하여 유의할 사항은 다음과 같다.

첫째, 기관(반)의 실정에 적합한 계획

기관의 보육철학, 지역사회 특성, 영유아의 흥미와 요구를 반영하여 기관(반) 실정에 적합한 계획을 세울 수 있다. 과거 모든 기관에서 표준보육과정에 제시된 생활주제를 중심으로 일정한 계획이 이루어진 것과 차이가 있다고 할 수 있다.

둘째, 영유아의 놀이를 지원할 수 있도록 계획

영유아의 놀이를 지원하기 위한 계획을 세워야 한다. 과거 계획 후 관련된 놀이가 이루어지도록 한 것과 다르게 영유아의 경험과 놀이에 기초하여 이를 지원하기 위한 계획을 세워야 한다.

셋째, 형식의 자율성

과거 연간, 월간, 주간, 일일 계획안을 체계적으로 작성하고, 계획안에는 실내외 자유놀이, 대 · 소집단활동 등을 계획하여 작성하는 형식의 틀이 없어지고, 자유롭게 작성할 수 있도록 변화되었다. 즉, 계획안의 종류, 형식, 분량 등을 자율적으로 조정하여 작성할 수 있다. 예를 들어, 어린이집 수준에서 매년 작성하는 연간 계획 이외에 월간과 주간, 주간과 일일 계획을 통합하거나 어린이집 및 반의 특성에 따라 간단한 일지 등을 활용하여 계획안을 작성할 수 있다.

또한, 「제4차 표준보육과정」에 제시된 편성 · 운영 지침에 따른 계획 시 유의사항은 다음과 같다.

첫째, 일상생활 활동을 포함한 계획

어린이집에서 영유아가 편안하고 즐겁게 보육내용을 경험할 수 있도록 일상생활의 활동을 계획해야 한다. 일상생활 활동에 포함되는 것은 등원, 손 씻기, 화장실 다녀오기, 간식, 점심, 낮잠, 휴식이며, 영유아의 신체적 리듬을 반영하여 계획함으로써 영유아들이 즐겁게 하루를 보낼 수 있도록 해야 한다.

둘째, 바깥놀이를 포함한 충분한 놀이시간 계획

어린이집의 하루일과는 영유아가 주도하는 놀이를 중심으로 이루어질 수 있도록 충분한 놀이시간을 계획해야 한다. 놀이시간은 짧게 여러 번 제공하기보다 긴 시간으로 편성하여 놀이의 흐름이 끊기지 않고 영유아가 충분히 놀이하고 몰입할 수 있도록 계획해야 한다. 바깥놀이를 포함하여 놀이시간을

2시간 이상 확보하되, 날씨와 계절, 기관의 상황, 영유아의 관심사와 놀이 특성 등을 고려하여 융통성 있게 계획해야 한다. 예를 들어, 하루일과에서 바깥놀이는 미세먼지, 날씨 등을 고려하여 실내놀이로 편성 운영할 수 있고, 다른 날은 바깥놀이를 길게 편성할 수도 있다.

셋째, 가정과 지역사회의 협력과 참여 계획

영유아가 속해 있는 가정, 기관, 지역사회 등은 모두 보육과정의 주체이므로, 상호 연계하고 협력해야 한다. 영유아 · 놀이 중심 보육과정을 운영하기 위해서는 무엇보다 부모의 역할이 중요하다. 부모는 영유아의 놀 권리와 즐겁게 놀이하며 배우는 놀이의 가치를 이해하여 가정에서 영유아의 놀이를 지원해야 한다. 이를 위해 어린이집에서는 부모 참여 등 다양한 참여 기회를 계획하여 부모의 역할을 지원할 수 있다. 그리고 지역사회는 영유아의 다양한 경험을 지원하는 풍부한 자원이다. 따라서 어린이집에서는 영유아들이 지역사회의 여러 기관이나 장소를 직접 경험하면서 지역사회에 관심을 가질 수 있도록 지역사회 협력활동을 계획해야 한다. 예를 들어, 어린이집에서는 기관이 위치한 지역사회 특성에 따라 지역사회 문화예술단체와 시설, 공공기관 및 지역 인사 등을 활용하여 영유아의 경험을 확장할 수 있는 기회를 마련하여 계획할 수 있다.

이러한 유의점에 따라 다음의 계획안을 작성하여 운영할 수 있다. 다만, 다음에 제시된 계획안은 기관 실정에 따라 융통성 있게 작성될 수 있다.

2. 연간보육계획

연간보육계획은 1년 동안 어린이집에서 실행해야 할 보육목표와 보육내용을 한눈에 파악할 수 있도록 제시하는 것이다. 대체로 연간보육계획을 작성하는 기관은 다음을 고려하여 계획을 세우게 된다.

- 표준보육과정
- 기관의 보육철학
- 지역사회 특성
- 환경(계절, 날씨 등)의 변화에 따른 영유아의 보편적 경험
- 연령에 따른 발달적 특성

이를 고려하여 연간보육계획을 수립할 때는 1년간의 놀이주제를 월별 흐름에 따라 미리 예상하여 작성하게 된다.

연령별 연간보육계획의 예시는 다음과 같다.

표 5-1 만 0세 연간보육계획안

월	놀이주제	목표
3~4월	낯설어요	새로운 환경, 교사, 친구를 만나면서 겪는 낯선 감정을 인식하고, 점차 익숙해지면서 관심을 갖는 것에 목표를 둔다.
5~6월	느껴 보아요	오감각을 활용해 기관에서 만나는 실내외 환경을 느껴 보고, 기초적 호기심과 탐색 능력을 증진하는 것에 목표를 둔다.
7~8월	움직여요	기관에서 만나는 실내외 환경 속에서 다양한 움직임을 경험하고, 신체 능력을 증진시키는 데 목표를 둔다.
9~10월	놀이는 재미있어요 Ⅰ	기관에서 경험하는 다양한 놀이에 몰입하면서 놀이를 통한 발달이 이루어지도록 목표를 둔다.
11~12월	놀이는 재미있어요 Ⅱ	기관에서 경험하는 다양한 놀이에 몰입하면서 놀이를 통한 발달이 이루어지도록 목표를 둔다.
1~2월	좋아해요	1년간의 애착 경험을 통해 긍정적 정서를 경험하고, 표현하는 데 목표를 둔다.

표 5-2 만 1세 연간보육계획안

월	놀이주제	목표
3~4월	낯설지만 새로워요	새로운 환경에서 낯설지만, 호기심을 가지고 알아가는 것에 목표를 둔다.
5~6월	느낄 수 있어요	호기심을 가진 것에 대해 오감각을 활용해 다양한 방법으로 탐색하는 것에 목표를 둔다.
7~8월	놀이할 수 있어요	기관에서 경험하는 다양한 놀이에 몰입하면서 놀이를 통한 발달이 이루어지도록 목표를 둔다.
9월	나는 할 수 있어요	기관에서 놀이를 하면서 성취감과 자신감을 갖는 데 목표를 둔다.
10~11월	움직이는 것이 재미있어요	기관에서 만나는 실내외 환경 속에서 다양한 움직임을 경험하고, 신체 능력을 증진시키는 데 목표를 둔다.
12~1월	좋아하는 놀이가 있어요	기관에서 경험한 놀이 중에서 좋아하는 것을 선택하고, 좋아하는 이유를 생각해 보는 데 목표를 둔다.
2월	새로운 것도 좋아요	다음의 변화를 예측하고, 새로운 것에 대해 기대감을 갖도록 하는 데 목표를 둔다.

표 5-3 만 2세 연간보육계획안

월	놀이주제	목표
3월	어린이집이 좋아요	새로운 환경에 대해 관심을 가지고 알아가는 데 목표를 둔다.
4~5월	봄나들이	봄의 환경 특성과 봄에 만나는 동물에 관심을 가지고, 경험하는 데 목표를 둔다.
6월	나는요	봄의 동물 특성을 경험하고 나와의 차이점에 흥미를 갖게 되면서 나에 대해 관심을 가지고 나를 이해하고, 자아존중감을 갖는 데 목표를 둔다.
7~8월	재미있는 여름	여름의 환경 특성에 관심을 가지고, 여름휴가와 여름에 할 수 있는 놀이를 경험하는 데 목표를 둔다.
9월	나는 가족이 있어요	여름휴가에서 경험한 다양한 가족들을 통해 가족에 대해 관심을 가지고, 가족을 이해하는 데 목표를 둔다.
9~10월	알록달록 가을이에요	가을의 환경 특성에 관심을 가지고, 가을에 할 수 있는 놀이를 경험하는 데 목표를 둔다.

11월	동물놀이해요	자연환경 변화에 따라 만나는 동물들에 관심을 가지고, 동물의 특성을 이해하는 데 목표를 둔다.
12월	겨울을 즐겨요	겨울의 환경 특성에 관심을 가지고, 크리스마스와 겨울놀이를 경험하는 데 목표를 둔다.
1~2월	형님이 되었어요	해가 변화하면서 나타나는 변화를 이해하고, 변화에 대해 긍정적 정서를 갖는 데 목표를 둔다.

연령에 따른 놀이주제 선정 시 고려사항은 다음과 같다.

1) 만 0세를 위한 놀이주제 선정

만 0세는 월령에 따라 발달적 차이가 크고 일상활동이 놀이활동에 비해 많은 부분을 차지한다. 따라서 만 0세를 위한 놀이주제는 발달 특성과 발달 과업을 중심으로 세상에 대한 호기심, 애착을 보이는 사람과 사물을 중심으로 놀이주제를 선정하며, 이때 만 1세와의 연계를 고려해야 한다. 또한 1개의 놀이주제를 6~8주 정도까지 진행할 수 있으며, 영아의 월령과 관심 정도에 따라 동시에 2개의 놀이주제를 진행할 수도 있다. 영아의 월령에 따른 발달수준과 반응을 고려하여 진행 기간을 융통성 있게 조정할 수 있다.

2) 만 1세를 위한 놀이주제 선정

만 1세는 일상활동과 함께 만 0세에 비해 놀이활동이 점점 늘어나게 된다. 따라서 놀이주제는 발달 특성과 발달과업, 적응, 계절, 어린이집이나 지역사회의 특성을 반영하되, 만 0세 및 만 2세와의 연계성을 고려하여 선정한다. 또한 1개의 놀이주제를 4주 이상, 경우에 따라서는 10주까지도 진행할 수 있다.

3) 만 2세를 위한 놀이주제 선정

만 2세는 만 0~1세에 비해 놀이활동의 비중이 더욱 커진다. 그리고 영유아의 발달 특성을 반영하여 어린이집–나–가족–친구로 관계를 확장해 나가고, 동시에 계절의 변화, 흥미와 관심 등을 반영하는 놀이주제를 선정한다. 또한 1개의 놀이주제를 5~7주간 진행할 수 있으며, 영아의 흥미와 관심 정도에 따라 놀이주제 간 통합이나 확장 등을 융통성 있게 진행하는 것이 바람직하다.

3. 월간보육계획

월간보육계획은 대체로 한 달 동안 어린이집에서 실행해야 할 보육목표와 보육내용을 제시하는 것이다. 대체로 월간보육계획은 연간보육계획에 기초하여 작성하며, 월간보육계획을 작성하는 기관은 다음을 고려하여 계획을 세우게 된다.

- 해당 월의 지역사회 특성(행사 등)
- 해당 월의 환경의 변화에 따른 영유아의 보편적 경험

이를 고려하여 월간보육계획을 수립할 때는 한 달간의 놀이주제를 주 차별로 구분하여 주제를 미리 예상하여 작성하게 된다. 또한, 주 차별 주제에 따라 일상생활과 실내외 자유놀이 등이 다양하고 균형 있게 계획되도록 하는 것이 필요하다.

연령별 월간보육계획의 예시는 다음과 같다.

표 5-4 만 0세 월간보육계획안

놀이주제	낯설어요	추정기간	3월 1주~4월 5주(8주)

<table>
<tr><th colspan="2">주제</th><th>엄마와 함께 해요</th><th>선생님을 만나요</th><th>선생님을 만져 봐요</th><th>선생님과 놀아요</th><th>익숙해졌어요</th></tr>
<tr><td colspan="2" rowspan="2">맞이하기 및 가정과의 연계</td><td colspan="3">□집에서의 영아의 상태나 특이사항에 대해 이야기 나누기
□영아의 컨디션 시진하기</td><td colspan="2">□체온 재기
□투약의뢰 살피기</td></tr>
<tr><td colspan="2">함께 놀러 가요</td><td colspan="3">엄마와 선생님이 인사해요</td></tr>
<tr><td rowspan="6">일상생활</td><td rowspan="2">수유 및 이유</td><td colspan="5">□교사의 손 씻기 □우유나 이유식 준비하기
□이유 테이블 닦기 □수건, 휴지 등 위생용품 준비하기</td></tr>
<tr><td colspan="2">선생님께 안겨서 먹어요</td><td colspan="3">이유식을 시작해요</td></tr>
<tr><td rowspan="2">낮잠</td><td>□보육실 환기하기
□커튼 치거나 조도 낮추기</td><td>□잠자리 매트 깔기
□기저귀 확인하기</td><td colspan="3">□자는 영아 수시로 살펴보기</td></tr>
<tr><td colspan="2">○○야, 매트에 누워 보자</td><td colspan="3">선생님의 토닥임을 느껴 보아요</td></tr>
<tr><td rowspan="2">기저귀 갈이</td><td colspan="5">□물휴지, 소독액 등 위생용품 준비하기 □기저귀 갈이 매트 소독하기
□기저귀 갈이 전 교사의 손 씻기 □기저귀 갈이 후 교사의 손 씻기</td></tr>
<tr><td colspan="2">선생님 품에 안겨 기저귀 가는 곳으로 가 보아요</td><td colspan="3">기저귀 가는 곳으로 기어가 보아요</td></tr>
<tr><td rowspan="4">실내 자유 놀이</td><td rowspan="2">신체</td><td>영차, 영차, 엄마에게로</td><td>엄마와 같이 선생님과 놀아요</td><td>아이 간지러워</td><td rowspan="2">와르르 무너졌다</td><td rowspan="2">선생님이 밀어 주는 자동차를 타요</td></tr>
<tr><td>엄마와 함께 모빌을 만져 봐요</td><td>손가락 인형 잡기</td><td>선생님은 흔들의자</td></tr>
<tr><td rowspan="2">언어</td><td>누구 목소리일까요?</td><td>누구일까요?</td><td rowspan="2">돼지코 놀이</td><td>선생님에게 옹알이해요</td><td>똑똑똑~</td></tr>
<tr><td>내 이름은?</td><td>엄마랑, 선생님이랑 책을 보아요</td><td>딩동 누구세요?</td><td>손 흔들어 안녕!</td></tr>
</table>

감각·탐색	까꿍! 우리 가족들	선생님, 우리 선생님 여기!	선생님, '안녕' 노래	선생님 노래 소리가 좋아요	여기가 우리 반이에요
			우리 선생님 옷은요	없어졌다! 나타났다!	
실외놀이	엄마와 어린이집 오는 길 둘러보기	어린이집 구경 가자	창문에서 실외놀이터 내다보기	선생님 품에 안겨 바깥구경 해요	유모차 타고 주변 산책하기
귀가 및 가정과의 연계	□수유 및 이유 상황 전달하기 □영아의 개별용품 점검 후 요청하기	□영아의 건강 및 안전의 특이사항 전달하기 □어린이집에서 영아의 활동 간략히 전달하기			
	엄마를 반갑게 만나요		**엄마의 손을 잡고 집에 가요**		

참고: 중앙육아종합지원센터 (2013).

표 5-5 만 1세 월간보육계획안

놓이주제		느낄 수 있어요(총 10주)									
구분	주	1주	2주	3주	4주	5주	6주	7주	8주	9주	10주
	주제	만져 보아요		살펴보아요		들어 보아요		맡아 보아요		맛보아요	온몸으로 느껴 보아요
등원 맞이하기		부모와 교사가 반갑게 인사하기						영아의 옷차림과 건강에 대해 이야기하기			
일상생활	기본생활 및 안전	혼자서 양말을 벗어요				양말을 서랍에 넣어요				내 물건을 찾아요	
	점심 및 간식	즐겁게 먹어요				숟가락, 포크를 사용해요				꼭꼭 씹어 먹어요	
	낮잠	내 이불, 내 베개를 찾아요				편안한 옷 입고 잠을 자요				이불을 덮고 잠을 자요	
	기저귀 갈이/배변활동	친구들도 기저귀가 있어요				기저귀를 휴지통에 버려요				쉬, 응가라고 표현해요	
실내자유 놀이	신체	둥근 고리 끼우기 놀이 해요	촉감 신발 신고 걸어요	굴러가는 공을 따라가요	데굴데굴 색깔 물병	소리 나는 구술발을 지나가요	부엌 물건으로 쿵짝쿵짝	향기 주머니 나무	코를 킁킁!!	조물조물 바나나 주스를 만들어요	감각 터널을 지나가요
	언어	내 이름을 부르면 대답해요	울퉁불퉁 종이에 끼적여요	이게 뭐야?	물로 끼적인 그림을 보아요	속닥속닥 작은 소리	토닥토닥 발헤기놀이	코코코	음식 관련 그림책을 보아요	과일 이름을 말해요	몸을 부딪쳐서 소리 내요
	감각 · 탐색	선생님과 로션을 발라요	누구의 기저귀일까요?	색안경을 써요	신문지로 놀아요	종이가 쿵쿵	놀잇감으로 소리 내요	간식 냄새를 맡아요	음식 모형 퍼즐	과일을 맛보아요	손발로 불도장을 찍어요
	역할 · 쌓기	소꿉 그릇에 밀가루 반죽을 담아요	촉감 블록으로 놀이해요	원통 블록으로 놀이해요	가방을 메고 다녀요	소리 나는 블록을 쌓아 보아요	동물 소리 듣고 흉내 내요	우유팩을 쌓아요	주스 따르는 흉내 내요	모형 음식을 식판에 담아요	하얀 블록에 끼적여요
실외놀이		모래로 놀아요		색안경으로 공원을 보아요		소리 나는 신발을 신고 걸어요		향기 나는 꽃과 꿀을 찾아요		그늘이 시원해요	바람이 불어요
귀가 및 가정과의 연계		놀이 사진을 함께 보아요				'누가 왔을까?' 목소리를 들어요				만났을 때 꼭 안아요	
비고		이 놀이주제는 1년 중 어느 시기라도 가능하도록 융통성 있게 조정할 수 있으나 각 주제가 적어도 2주 동안 충분히 이루어지도록 계획한다.									

참고: 중앙육아종합지원센터 (2013).

표 5-6 만 2세 월간보육계획안

놀이주제	알록달록 가을이에요	실시기간	총 6주

구분 \ 주제 \ 주		1주	2주	3주	4주	5주	6주
		가을이에요	가을 나들이	나뭇잎이 물들어요	자연물로 놀이해요	알록달록 색깔나라	재미있는 그리기 나라
등원 맞이하기		아침에 먹고 온 음식을 이야기해 보기					
기본생활 · 안전		스스로 겉옷을 벗어 보기 길을 잃었을 때는 제자리에서 기다리기			겉옷을 벗어 옷걸이에 걸어 보기 주변의 어른에게 '도와주세요' 이야기해 보기		
일상생활	점심 및 간식	바르게 앉아서 먹어 보기 먹어 보지 않는(새로운, 좋아하지 않는) 음식을 먹어 봐요					
	낮잠	자고 나서 내 베개를 정리해 보기					
	배변활동	배변 후 선생님의 도움 받아(스스로) 옷을 올려 보기 –지퍼, 단추 잠가 보기					
실내 자유 놀이	신체	낙엽비가 내려요	나뭇잎처럼 움직여 보기	나뭇잎 징검다리를 건너기	콩주머니 던지기	색풍선 놀이	같은 색깔 벽돌 도미노
	언어	과일, 열매 까꿍 카드	나들이 사진 보며 이야기 나누기	나뭇잎에 그림편지 쓰기	자연물(탐색) 그림책	색깔에도 이름이 있어요	내가 좋아하는 색깔이 있어요
	감각 · 탐색	내 짝을 찾아 주세요 (과일 반쪽 찾기)	숟가락으로 밤, 호두 옮기기	단풍잎(은행잎) 방석	조각 천 염색하기	색, 탁구공 옮기기	알록달록 색 소금 만들기

	역할 · 쌓기	낙엽을 청소해요	가을 소풍 놀이	나뭇잎(단풍잎, 은행잎) 왕관 쓰고 놀이하기	열매, 나뭇잎 소꿉놀이	삼색 밀가루 반죽으로 요리하기	삼색 밀가루 케이크 (생일 파티 놀이)
		큰 나무, 작은 나무 쌓아 보기	블록 돗자리 만들기	가을동산 만들기	나무 무늬 블록으로 식탁, 의자 구성하기	알록달록 색깔 길 만들기	무지개 촉감 블록 쌓고 무너뜨리기
	미술	알록달록 가을 나무 꾸미기	산책가방 만들기	나뭇잎 왕관 만들기	솔방울에 색깔 입히기	색깔 공을 골라 그림 그리기	까만 크레파스 그림
	음률	열매 마라카스를 흔들기	〈오리소풍〉에 맞춰 춤추기	나무 악기 연주하기	춤추는 씨앗(큰 북 두드리기)	리듬악기 두드리기 ('가을바람' 노래 부르기)	색 스카프 흔들기
실외놀이		동물 인형 목욕시키기	여러 가지 색, 모양의 나뭇잎이 있어요	가을 나들이	나뭇가지에 매달린 물체 탐색하기	흙으로 놀아요	책 돋보기로 바깥 풍경 관찰하기
		여러 가지 색, 모양의 나뭇잎이 있어요	가을 나들이	나뭇가지에 매달린 물체 탐색하기	흙으로 놀아요	색 돋보기로 바깥 풍경 관찰하기	무지개 낙하산 놀이
귀가 및 연계	귀가	가을 날씨 이야기하며 귀가하기			나뭇잎의 변화 살펴보며 귀가하기		
	가적 및 지역 사회 연계	가정과의 연계: 가족과 함께 공원 나들이 해 보기 지역사회 연계: 공원으로 산책 가기(어린이집에서 가까운 근린공원으로 산책 가기)					
비고		잘자요 달님 숲속에 숲속에 날마다 자라요.	풀밭에 풀밭에 나무에 나무에 봉숭아 하나 둘 셋	나무 사과야 빨리 익어라 행복한 껴안기	재미난 그림책 무엇을 만들까? 사과를 자르면	깜빡깜빡 색깔들 맛있는 그림책 사과가 쿵	엉뚱한 그림책 크고 작고 무엇을 만들까?
		이 놀이주제는 10월 중순~11월에 실시해 보도록 하는 것이 좋다. 가을의 날씨를 고려하여 진행 시기를 정하고 색깔 관련 놀이주제와 연계하여 6주 동안 계획하되, 교사가 융통성 있게 운영할 수 있다.					

참고: 중앙육아종합지원센터 (2013).

4. 주간보육계획

주간보육계획은 1주간의 어린이집에서 실행해야 할 보육목표와 보육내용을 제시하는 것이다. 대체로 주간보육계획은 연간보육계획과 월간보육계획에 기초하여 작성하거나, 월간보육계획을 작성하지 않고, 주간보육계획만 작성하는 경우도 있다.

다음은 주간보육계획에 포함되어야 할 것들을 연령별로 구분해 놓은 것이다.

표 5-7 영아 연령에 따른 주간보육계획 구성

구분	만 0세	만 1세	만 2세
등원 및 맞이하기	등원 및 맞이하기	등원 및 맞이하기	등원 및 맞이하기
기본생활 및 안전	기본생활 및 안전	기본생활 및 안전	기본생활 및 안전
일상생활	수유 및 이유 낮잠 기저귀 갈이	점심 및 간식 낮잠 기저귀 갈이 · 배변활동	점심 및 간식 낮잠 배변활동
실내자유놀이	신체 언어 감각 · 탐색	신체 언어 감각 · 탐색 역할 · 쌓기	신체 언어 감각 · 탐색 역할 · 쌓기 미술 음률
실외놀이	실외놀이	실외놀이	실외놀이
귀가 및 가정과의 연계	귀가 및 가정과의 연계	귀가 및 가정과의 연계	귀가 및 가정과의 연계

출처: 보건복지부 (2013).

주간보육계획안에서 등원 및 맞이하기, 기본생활 및 안전, 실외놀이, 귀가 및 가정과의 연계는 영아 모두 연령에 상관없이 공통적으로 동일한 용어를 사용하였고, 일상생활과 실내자유놀이는 연령에 따라 다르게 구분하였다. 각각의 연령에 따른 고려사항은 다음과 같다.

1) 일상생활

일상생활은 영아의 발달 특성을 고려하여 연령별로 다르게 구분하였다. 만 0세의 '수유 및 이유'는 만 1세와 2세에서 '점심 및 간식'으로 대체하였고, '낮잠'은 모든 영아에게 공통으로 구분하였다. 또한 만 0세의 '기저귀 갈이'는 만 1세에서는 '기저귀 갈이 · 배변활동'으로, 만 2세에서는 '배변활동'으로 구분하였다.

2) 실내외 자유놀이

실내자유놀이 역시 영아의 발달 특성을 고려하여 연령이 증가함에 따라 영역을 세분화하였다. 만 0세는 '신체, 언어, 감각 · 탐색'으로 구분하였고, 만 1세는 '신체, 언어, 감각 · 탐색, 역할 · 쌓기'로, 만 2세는 '신체, 언어, 감각 · 탐색, 역할 · 쌓기, 미술, 음률'로 구분하였다. 그리고 매일 2시간 이상 배정하여 운영해야 한다.

실외놀이는 만 0세의 경우 주 3회 30분 이상 계획해야 하며, 만 1, 2세는 매일 30분 이상 계획해야 한다. 그리고 만 3세 이상의 유아는 매일 1시간 이상 계획해야 한다.

주간보육계획을 작성하는 기관은 다음을 추가로 고려하여 계획을 세우게 된다.

- 해당 주의 지역사회 특성(행사 등)
- 해당 주의 환경 변화에 따른 영유아의 보편적 경험
- 지난주의 영유아 놀이

이를 고려하여 1주간의 영유아 놀이 경험을 미리 예상하여 계획할 수 있다. 특히, 지난주의 영유아 놀이를 관찰하여, 이를 지원할 수 있도록 계획하는 것이 중요하다. 따라서 주간보육계획을 수립할 때는 지난주 놀이에 근거하여 1주간의 주제를 계획하고, 이에 대한 지원방안을 계획하게 된다. 지원방안을 계획할 때는 환경구성과 제공되는 교재교구를 포함하여 계획해야 한다. 또한, 주간보육계획을 작성할 때는 요일별 놀이의 소주제를 선정하고, 소주제에 따라 실내외 자유놀이가 다양하고 균형 있게 계획되도록 하는 것이 필요하다. 이를 위해서는 표준보육과정에 제시된 6개 영역이 고루 포함되도록 해야 한다. 즉, 기본생활영역, 신체운동영역, 의사소통영역, 사회관계영역, 예술경험영역, 자연탐구영역을 모두 고려해야 한다.

연령별 주간보육계획의 예시는 다음과 같다.

표 5-8 만 0세 주간보육계획안

놀이주제		낯설어요				
주제		엄마와 함께 해요				
주간 활동 목표		낯선 환경에 엄마와 함께 하며 친근감을 갖는다.				
실시기간		3월 1주				
		월	화	수	목	금
소주제		안녕 선생님		안녕 친구들		
일상생활	등원 및 맞이하기	눈 마주치며 인사해요				
	수유 및 이유	선생님께 안겨서 먹어요				
	낮잠	매트에 누워서 잠을 자요				
	기저귀 갈이	선생님 품에 안겨 기저귀 가는 곳으로 가 보아요				

실내 자유 놀이	신체	영차영차 선생님에게 (환경 지원: 넓은 매트)	영차영차 친구에게 (환경 지원: 넓은 매트)
	언어	소리 내어 보기	
	감각 · 탐색	선생님에게 관심 갖기	친구에게 관심 갖기
실외놀이		바깥공기 쐬기	
가정과의 연계		선생님과 친구들에게 친근감을 갖도록 도와주세요.	

표 5-9 만 1세 주간보육계획안

놀이주제		새로운 것도 좋아요				
주제		선생님이 좋아요				
주간 활동 목표		새로 만날 수 있는 선생님들에게 친밀감을 갖는다.				
실시기간		2월 1주				
		월	화	수	목	금
소주제		우리반 선생님		형님반 선생님		
일상생활	등원 및 맞이하기	‘사랑해’ 인사해요				
	기본생활 및 안전	통행규칙을 지켜서 형님반 구경을 가요				
	점심 및 간식	‘더 주세요’ 말해 봐요				
	낮잠	자장가를 들으며 잠을 자요				
	기저귀 갈이/ 배변활동	물이 쏴아 내려가요				
실내 자유 놀이	신체	선생님 다리 위에서 흔들흔들				
	언어	선생님 목소리 듣고 따라 말해요		선생님은 우리 모두를 사랑해 (환경 지원: 관련 융판 동화 자료)		
	감각 · 탐색	선생님 눈, 코, 입 찾아보기 (환경 지원: 선생님 얼굴 사진)		선생님들 특징 찾아보기 (환경 지원: 다른 선생님들 얼굴 사진)		
	역할 · 쌓기	선생님 흉내 내요		형님반 선생님 흉내 내요		
	창의적 표현			선생님은 여러분을 사랑해 (환경 지원: CD, 오디오)		
		선생님 얼굴 그리기 (환경 지원: 다양한 그리기 재료)				
실외놀이		선생님 따라 걸어요.				
가정과의 연계		어린이집 홈페이지의 선생님들을 보면서 친근감을 갖도록 도와주세요.				

표 5-10 만 2세 주간보육계획안

<table>
<tr><th colspan="2">놀이주제</th><td colspan="5">알록달록 가을이에요</td></tr>
<tr><th colspan="2">주제</th><td colspan="5">가을이에요</td></tr>
<tr><th colspan="2">주간 활동 목표</th><td colspan="5">가을에 따른 환경 특성에 관심을 갖는다.</td></tr>
<tr><th colspan="2">실시기간</th><td colspan="5">9월 3주</td></tr>
<tr><th colspan="2"></th><td>월</td><td>화</td><td>수</td><td>목</td><td>금</td></tr>
<tr><th colspan="2">소주제</th><td colspan="2">가을 나무</td><td colspan="2">가을 과일</td><td>가을 동물</td></tr>
<tr><th rowspan="5">일상생활</th><th>등원 및 맞이하기</th><td colspan="5">아침에 먹고 온 음식 이야기 나누기</td></tr>
<tr><th>기본생활 및 안전</th><td colspan="5">스스로 겉옷 벗기
길을 잃었을 때는 제자리에서 기다리기</td></tr>
<tr><th>점심 및 간식</th><td colspan="5">바르게 앉아서 먹기
새로운 음식 먹어 보기</td></tr>
<tr><th>낮잠</th><td colspan="5">자고 나서 내 베개를 정리해 보기</td></tr>
<tr><th>배변활동</th><td colspan="5">배변 후 선생님의 도움을 받아 옷 올려보기</td></tr>
<tr><th rowspan="6">실내 자유 놀이</th><th>신체</th><td colspan="2">낙엽 신체표현
(환경 지원: 낙엽 영상)</td><td colspan="2"></td><td></td></tr>
<tr><th>언어</th><td colspan="2"></td><td colspan="2">가을 과일 이름
(환경 지원: 과일 사진 자료)</td><td>가을 동물 이름
(환경 지원: 동물 사진 자료)</td></tr>
<tr><th>감각 · 탐색</th><td colspan="2"></td><td colspan="2">과일 반쪽 찾기
(환경 지원: 과일 퍼즐)</td><td>동물 짝 맞추기
(환경 지원: 동물 퍼즐)</td></tr>
<tr><th>역할 · 쌓기</th><td colspan="2"></td><td colspan="3">과일가게
(환경 지원: 과일 모조품)</td></tr>
<tr><th rowspan="2">창의적 표현</th><td colspan="2">낙엽으로 꾸미기
(환경 지원: 낙엽과 꾸미기 재료)</td><td colspan="2"></td><td></td></tr>
<tr><td colspan="2"></td><td colspan="2">열매 마라카스
(환경 지원: 다양한 열매와 꾸미기 재료)</td><td></td></tr>
<tr><th colspan="2">실외놀이</th><td colspan="5">동물인형 목욕시키기
(환경 지원: 목욕용품, 동물인형)</td></tr>
<tr><th colspan="2">가정과의 연계</th><td colspan="5">가족과 함께 공원 나들이를 통해 가을에 관심을 갖도록 도와주세요.</td></tr>
</table>

5. 일일보육계획

일일보육계획은 하루 동안 어린이집에서 실행해야 할 보육목표와 보육내용을 제시하는 것이다. 대체로 일일보육계획은 연간보육계획과 월간보육계획, 주간보육계획에 기초하여 작성하거나, 월간 혹은 주간보육계획에만 근거하여 작성하기도 한다. 대부분의 기관에서 일일보육계획은 일지 형태로 작성하고, 평가를 통해 다음 날의 놀이 지원계획을 세우는 경우가 많다. 따라서 일일보육계획을 작성하거나 일지 형태로 하루일과를 평가하는 기관은 다음을 고려하여야 한다.

1) 활동의 융통성 고려

개별 영유아의 흥미나 발달수준, 전날 놀이, 당일 상황 변화 등에 따라 교사가 활동을 조정하여 융통성 있게 진행할 수 있어야 한다.

2) 영아의 안정감 고려

영아의 급 · 간식, 배변, 씻기, 낮잠 등의 일상생활과 자유놀이, 휴식 등은 영아 신체적 욕구를 충분히 고려하여 중간중간 배치해야 한다. 또한 영아의 자유놀이는 영아가 흥미에 맞게 선택하도록 하는 것이 중요하다. 휴식은 영아의 개별 리듬에 맞추어 시간을 운영해야 하며, 강요해서는 안 된다.

3) 발달수준 고려

연령이 어릴수록 일상생활 비중을 높이는 것이 적절하고, 연령이 높아질수록 놀이 중심의 활동 비중을 점차 늘려 계획하는 것이 적절하다. 또한, 계획된 놀이나 일상생활이 영아의 발달수준과 개인차에 적합하게 계획되도록 해야 하며, 영아의 경우 개별적 상호작용이 중요하다.

4) 균형성 고려

일일 보육의 균형성을 고려하기 위해 다음을 주의해야 한다.

- 일상생활과 놀이활동의 균형
- 실내 · 외 놀이의 균형
- 정적 활동과 동적 활동의 균형
- 보육과정의 6개 영역과 관련한 경험의 균형

5) 평가를 통한 계획

매일의 활동을 평가하여 다음 날의 활동을 계획해야 한다. 평가를 할 때는 일상생활, 놀이활동에서 개별 영유아의 반응과 행동을 관찰하여 기록하고, 다음의 놀이활동 지원계획을 세우는 것이 적절하다.

일일보육계획안 예시는 다음과 같다.

표 5-11 만 0세 일일보육계획안

<table>
<tr><td>날짜</td><td>5월 10일 수요일 날씨 맑음</td><td>작성자</td><td colspan="3">○○○</td><td rowspan="2">결재</td><td>담임</td><td>원장</td></tr>
<tr><td>소주제</td><td>기어요/선생님을 만져 보아요</td><td>정원</td><td>3</td><td>결석</td><td>○</td><td></td><td></td></tr>
<tr><td rowspan="4">교사의 준비 및 환경 점검</td><td>보육실 환기</td><td>○</td><td colspan="3">교실과 놀잇감의 청결</td><td>○</td><td colspan="2">개선사항</td></tr>
<tr><td>보육용품이나 비품의 모서리 보호대 점검하기</td><td>○</td><td colspan="3">기저귀 개인용품 준비</td><td>△</td><td colspan="2" rowspan="3">흥○○: 기저귀와 여벌 옷 준비 부탁함</td></tr>
<tr><td>비품 모서리 안전장치</td><td>○</td><td colspan="3">수건, 휴지 등 위생용품</td><td>○</td></tr>
<tr><td>전기 콘센트 플러그 정비</td><td>○</td><td colspan="3">수유 준비</td><td>○</td></tr>
<tr><td rowspan="2">구분</td><td colspan="6">활동 내용</td><td colspan="2">실행기록 및 평가</td></tr>
<tr><td colspan="3">0~6개월(전기)</td><td colspan="3">7~12개월(후기)</td><td colspan="2"></td></tr>
<tr><td>7:30~9:00
등원 및 맞이하기</td><td colspan="6">• 교사 및 친구들과 반갑게 인사한다.
• 영아의 기분과 건강 상태를 살핀다.</td><td colspan="2">통합보육실 문 앞에서 부모님과 손 흔들며 인사해 보았다. 컨디션이 좋은 ○○○(영아)은 손을 흔들거나 고개를 까딱 움직이며 인사했지만 그렇지 않은 영아들은 울음을 터뜨리며 교사의 품에서 진정한 후 놀이하였다.</td></tr>
<tr><td>9:00~9:30
이유식 및 기저귀 갈기/씻기</td><td colspan="6">-손 닦고 턱받이하고 교사의 도움을 받아 간식 먹기
-음식에 관심을 갖고 즐겁게 이유식 먹어 보기
-세면과 입 닦기, 기저귀 살피기
※ 간식 메뉴: 개별 수유 및 이유식(브로콜리 죽)</td><td colspan="2">기저귀를 갈 때 영아들이 몸을 비틀고 다른 곳을 보려고 해 놀잇감 등을 준비해 영아가 몸을 돌리지 않고 기저귀 갈기에 즐겁게 참여하도록 하였다.</td></tr>
</table>

9:30~10:10 실내자유놀이	[신체] 아이 간지러워		
	• 영아 근처에서 교사가 생쥐 모양 손인형을 끼우고 살금살금 걸어가는 흉내를 내 본다. • 영아가 움직이는 생쥐 손인형에 관심을 보이면 영아에게로 다가간 후 언어적 상호작용을 해 주며 간지럽혀 준다.	• 영아에게 손가락 생쥐 장갑을 끼워 주고 교사나 친구들을 간질여 보도록 한다.	어린 월령의 영아들도 생쥐 인형에 흥미를 길게 보이며 간지럽혀 주니 좋아하며 활짝 웃으며 반응하였다. 신입 원아(○○○)는 월령은 높으나 적응 기간이라 낯설어하고 힘들어한다. 생쥐 인형으로 상호작용하였더니 놀잇감을 통해 교사와 조금 더 친숙해진 것 같다.
	[언어] 톡톡톡~ 곤지곤지잼잼		
	• 영아 사진 앨범 책을 읽어 보자는 신호로 책을 똑똑 두드리는 소리를 내며 영아의 관심을 유도한다. • 문 그림을 열고 안에 사진을 보며 누구인지 영아와 이야기한다.	• 영아가 문 앨범 책에 관심을 가지고 탐색하거나 두들기면 교사가 다가가 상호작용한다. • 영아를 도와 책의 문을 열고 사진을 함께 본다.	영아들이 사진 앨범 책에 관심을 많이 보였다. 앨범 책을 입에 넣으려는 영아들이 있어 청결에 더욱 신경을 써야겠다.
	[감각·탐색] 보들보들 촉감길		
	• 다양한 촉감판을 길게 이어 붙여 영아의 관심을 유도한다. • 영아가 촉감판을 만져 보게 한다. • 촉감을 나타내는 다양한 표현을 들려주며 감촉을 느껴 보게 한다.	• 다양한 촉감판을 교실에 놓아 영아가 손으로 만져 보게 한다. • 촉감판을 길처럼 이어서 영아가 기어가거나 교사의 손을 잡고 걸어 보도록 한다. • 영아가 익숙해지면 배열을 다르게 하여 이동해 보도록 한다.	○○○는 촉감판에 관심을 보이지 않아서 교사가 영아의 손을 잡고 한 번씩 만져 볼 수 있도록 하였다. 높은 월령의 영아들은 기어가 보도록 했더니 반대쪽 교사에게 기어가는 모습을 보였다.

10:10~10:30 실외놀이 (10:10~10:45)	• 유모차에 달린 바람개비를 살펴본다. –영아용 유모차에 바람개비를 달아 주고 앞뒤로 밀어 주어 바람개비가 돌아가는 것을 살펴보기	바람개비를 유모차에 달아 주었더니 바람개비가 돌아가는 모습에 집중하여 쳐다보았다. 바람이 불지 않고 햇볕이 따뜻하고 날이 좋아 영아들이 기분 좋아해서 놀이시간을 연장하였다.
10:30~12:00 수유 및 낮잠 (10:45~12:30)	–조용한 음악을 들으며 편안한 수유시간 갖기 –개별 매트와 이불에 누워 낮잠 준비하기 –자장가 들으며 편안하게 낮잠 자기	햇볕을 쐬며 열심히 걸음마 연습을 해서 그런지 교사가 옆에서 토닥토닥해 주니 금방 잠이 들었다. 낮잠을 깨지 않아 시간을 연장하였다.
12:00~13:00 수유 및 점심식사/ 이 닦기 (12:30~13:00)	–수유 및 이유식 –기저귀 갈기/씻기/이 닦기 –점심식사(이유식 → 진밥) –기저귀 갈기/씻기/이 닦기 –교사와 눈 맞추며 수유 또는 이유식 먹기 –세면과 영아용 손가락 칫솔로 이와 잇몸 닦기 –기저귀 살피기	높은 월령의 영아들이 오늘 처음으로 죽 대신 진밥을 먹었다. 밥이 아직 익숙지 않아서인지 잘 먹으려 하지 않아 죽을 조금 넣어서 진밥의 농도를 조절하니 영아들이 잘 먹는 모습을 보였다. 다음에는 조리실에 이야기를 해서 진밥의 농도를 조절해야겠다.
13:00~14:30 실내자유놀이	[신체] 아이 간지러워(+선생님은 흔들의자) [언어] 똑똑똑~ [감각 · 탐색] 보들보들 촉감길	음악을 틀어 놓고 촉감길 위를 이동해 보았다. 음악을 틀어 놓으니 더 재미있어 하며 촉감길을 지나갔다. 촉감길을 지나갈 때 방향 때문에 영아들 간 충돌 위험이 있어서 교사가 방향을 안내해 주었다. 선생님에게 앉아 리듬에 따라 흔들거리는 데에 즐거워하는 모습을 보였다.
14:30~15:30 오후 수유 및 휴식	–조용한 음악을 들으며 휴식 취하기 –교사와 눈 맞추며 수유하기	매트 위에서 조용히 쉴 수 있도록 하였으며 뒹굴 거리며 즐거워하였다.
15:30~16:00 실외 산책 (15:30~16:15)	–유모차 타고 산책 다녀오기 –유모차 타고 주변 산책하기 –유모차에 달린 바람개비 관찰하기	영아들이 바람개비를 보느라 산책이 충분히 이루어지지는 않았다. 바람개비의 눈높이를 조금 조절하여 바람개비 관찰을 보다 편안하게 할 수 있도록 하였다.

16:00~16:30 기저귀 갈기/ 이유식 (16:15~16:45)	-손, 발 닦고 기저귀 살피기 -손 닦고 턱받이하며 이유식/오후 간식 먹기 -얼굴과 손 닦기	오후가 되면서 몇몇 영아들이 컨디션이 좋지 않아 식탁의자에 안기를 거부하고 앞가리개를 빼려 하며 울음을 터뜨렸다. 몸이 좋지 않은 영아는 교사의 품에 안겨 먹을 수 있도록 했다.
16:30~17:30 실내자유놀이 (16:45~17:30)	[신체] 아이 간지러워(+선생님은 흔들의자) [언어] 똑똑똑 문 열어 주세요 [감각 · 탐색] 보들보들 촉감길(+책 까꿍 놀이)	영아들이 문 열고 닫는 것에 눈앞에 있으면 흥미로워하지만 눈앞에 없으면 크게 관심을 가지지 않았다. 그래서 교사는 영아 앞으로 책을 가지고 가서 "똑똑똑 누구십니까?" 노래를 부르면서 문을 열고 닫았더니 영아들이 관심을 가지고 쳐다보았다.
17:30~18:30 수유 및 낮잠	-조용한 음악을 들으며 편안한 수유시간 갖기 -영아용 개별 침대에 누워 낮잠 준비하기 -자장가를 들으며 편안하게 낮잠 자기	컨디션이 좋지 않은 영아들이 쉴 수 있게 조용한 분위기를 만들어 주었다. 영아들이 피곤했는지 금세 잠이 들었다.
18:30~19:30 세면 및 귀가 지도	-낮잠에서 일어나 세면 후 로션 바르기, 겉옷 입기 -부모님이 오시는 대로 부모와 영아에 대해 이야기하고 귀가 인사 나누기	부모들에게 매트를 가지고 가도록 안내하였다.
평가		

- 금요일이라 그런지 영아들이 피곤해하는 모습을 대부분 보였다. 등원을 시작한 지 2주일이 채 되지 않은 ○○○는 아직 정서적으로 불안을 시시때때로 나타낸다. 환절기라 몸이 좋지 않은 영아들이 많아 건강 체크와 관찰에 민감해야 하는 날이었다. 특히, ○○○에 대한 지속적인 관찰과 세심한 접근이 필요하다.
- 영아들에게 처음 제시한 '보들보들 촉감길' 활동에 흥미를 갖고 지속적으로 놀이하는 모습을 볼 수 있었다. 놀이가 익숙해지면 다양한 재질의 촉감판을 조금 더 길게 확장해 주어야겠다. 놀이 중간중간 교사가 노래 부르며 신체 움직임을 보여 주었더니 영아들이 평소보다 더 반응을 많이 보이고 신체활동을 활발히 하였다.

참고: 중앙육아종합지원센터 (2013).

표 5-12 만 1세 일일보육계획안

반명	○○반	일시	2012년 ○월 ○일 월요일 날씨: ○○	담임	원장
놀이주제	느낄 수 있어요				
주제	만져 보아요				

활동 시간	계획	실행
7:30~9:00	오전 통합보육 –부모와 교사가 반갑게 인사하기	오전 통합보육 –오전에 등원하면서 영아들의 건강상태를 확인하고 부모의 전달사항을 각 담임교사에게 인수인계함
9:00~9:20	* 등원 • 부모와 교사가 반갑게 인사하기 –교사가 부모에게 인사하는 모습을 보여 주며 영아와도 함께 인사 나누기 • 혼자서 양말을 벗어요 –영아가 혼자 양말을 벗어 볼 것을 제안한 뒤 쉽게 벗을 수 있도록 양말 끝을 잡는 것을 보여 주거나 도와줌 *손 씻기 및 오전 간식(롤케이크, 우유) 소독비누로 거품을 내서 씻도록 하고 물로 씻을 때 비누가 남지 않도록 도와주기	* 등원 • 연휴로 인하여 등원한 영아들이 부모와 헤어지기 힘들어하고 많이 움 → 반갑게 인사하기 활동보다는 부모와 헤어진 뒤 안아 주거나 부모에게 전화하는 흉내 내기 놀이를 하면서 안정감을 갖도록 함 • 혼자서 양말을 벗어요 –혼자 양말을 벗어 볼 것을 제안하였으나 교사에게 도움을 요청하는 영아는 교사가 벗겨 주었고 혼자 시도해 보는 영아가 양말을 벗는 동안 교사가 '영차영차' 하고 노래 부르듯 말해 주며 모두 벗을 때까지 기다려 줌 –스스로 시도하고 벗을 것에 대하여 "○○가 혼자 벗었구나."라고 격려한 뒤 장에 넣는 것도 혼자 넣도록 제안함 * 손 씻기 손을 씻으며 옷을 적신 영아들은 옷을 갈아입힌 뒤 간식을 먹도록 함 물에 대한 영아의 탐색이 손 씻기 시간에 많이 나타남

9:00~9:20	• 즐겁게 먹어요 –간식을 먹으며 영아의 등원하면서 경험한 것, 가정에서의 일상을 물어보며 관심 갖기	* 간식 • 즐겁게 먹어요 –간식을 먹으며 영아의 이름을 개별로 불러 주고 눈을 마주치며 '선생님은 ○○를 사랑해' 노래를 불러 줌 –맛있는지 물어보면서 집에서도 간식으로 나온 것을 먹어 보았는지를 물어봄
9:20~10:20	* 실내자유놀이 • 신체: 둥근 고리 끼우기 놀이해요 –영아들의 흥미가 지속되어 지난주 활동을 반복하여 계획함 • 언어: 울퉁불퉁 종이에 끼적여요 –다양한 질감의 종이에 부드러운 영아용 크레파스로 끼적거리기를 하기 • 감각 · 탐색: 누구의 기저귀일까요? –여러 가지 질감의 기저귀를 만져 보기	* 실내자유놀이 • 신체: 둥근 고리 끼우기 놀이해요 –둥근 고리를 놀잇감에 끼워 보거나 손목에 끼우고 흔들어 봄 교사가 머리에 고리를 올려놓고 앞으로 고개를 숙여 떨어뜨리자 영아들 모두 큰 소리로 웃으며 교사의 행동을 모방함 • 언어: 울퉁불퉁 종이에 끼적여요 –여러 질감의 종이를 준비한 것 중 큰 벽지에 끼적거리기를 하는 것을 가장 선호함 다른 종이들의 크기가 작은 것 때문이 이유인 것으로 보여짐 –바닥에 준비한 벽지를 붙이고 시작하다 영아들이 모두 왔을 때는 비어 있는 벽면에도 벽지를 붙여서 영아들이 서서 위아래로 끼적거리기를 할 수 있도록 함 • 감각 · 탐색: 누구의 기저귀일까요? –언어활동으로 '울퉁불퉁 종이에 끼적여요'에 영아들이 집중하여 놀이를 지속함으로써 오전에는 할 수가 없어서 오후에 다시 계획하여 실시함

9:20~10:20	• 역할 · 쌓기: 밀가루 반죽에 빨대를 꽂아요 -지난주 밀가루 반죽을 소꿉 그릇에 담는 활동을 반복하면서 빨대를 꽂아 보는 활동을 첨가하여 계획함	• 역할 · 쌓기: 밀가루 반죽에 빨대를 꽂아요 -밀가루 반죽을 소꿉 그릇에 담는 활동을 지속하였음 -반죽을 모형 소꿉 칼로 칼집을 내서 만져 보거나 손으로 두드리기, 손가락으로 찔러 보기 등의 다양한 방법으로 촉감을 느끼도록 함 월령이 낮은 영아가 빨대를 꽂을 때 빨대가 잘 안 꽂히기도 하여 교사와 함께 꽂음 -반죽에 빨대를 꽂고 생일 초처럼 불어 보거나 생일 축하 노래를 부르는 놀이를 함
10:20~10:35	* 정리정돈 및 기저귀 갈이/배변활동, 실외놀이터로 이동 -교사가 영역별, 영아 개별로 곧 정리할 것임을 알려 주고 노래를 부르며 정리를 시작함 • 친구들도 기저귀가 있어요 -기저귀 갈이를 하기 전에 자신의 기저귀를 보고 또래들의 기저귀도 함께 보도록 제안하기 • 영아용 변기에서 소변 보기 -월령이 높은 영아들 중 팬티형 기저귀를 입는 영아들은 영아용 변기에 앉아서 소변 볼 것을 권유하기	* **정리정돈** -정리 중에 뛰어 다니는 영아들이 부딪히지 않도록 함께 손을 잡고 '집에 못 간 장난감 찾아주기' 놀이를 하며 영역을 둘러봄 * 기저귀 갈이/배변활동 • 친구들도 기저귀가 있어요 -지난주부터 또래들의 기저귀를 보는 것에 익숙한 영아들은 교사가 기저귀를 갈기 위해 또래들의 이름을 부를 때마다 그 영아의 사진과 이름이 붙은 개별 장을 가리키기도 함 • 영아용 변기에서 소변 보기 -이번 주부터 팬티형 기저귀를 입는 영아들 중 몇 명은 영아용 변기에 앉는 것을 거부하기도 하여 이를 수용함 -대신 거부한 영아들이 영아용 변기에 앉는 또래를 지켜볼 때 도와주는 교사가 끄덕이고 미소를 짓는 모습을 보여 줌으로써 영아용 변기에 앉는 두려움이 감소될 수 있도록 함

10:35~11:30	* 실외놀이 • 모래로 놀아요 –체를 준비하연 교사가 모래를 체로 걸러 줄 때 떨어지는 모래를 만져 보기, 걸러진 부드러운 모래 만져 보기	• 10:35~10:45 소방대피 훈련 –비상벨이 울렸을 때 교사에게 안기거나 교사를 따라서 안전하게 실외 대피 장소로 이동함 –영아 놀이터로 이동하여 놀이함 * 실외놀이 • 모래로 놀아요 –체에서 떨어지는 모래를 만져 보며 탐색하는 것 외에 위로 걸러진 돌멩이나 조개껍데기 등을 만져 보며 탐색하기도 함
11:30~11:45	* 정리, 손 씻기 및 이동	* 정리, 손 씻기 및 이동 –모래를 털고 닦는 데 시간이 오래 걸림 –다른 반이 우리 반 뒤에서 기다리는 상황이 발생함
11:45~12:15	* 점심 • 즐겁게 먹어요 –점심을 먹으며 영아의 등원하면서 경험한 것, 연휴 동안 가정에서의 일상을 물어보며 관심 갖기	* 점심(잡곡밥, 콩나물국, 닭양념찜, 깻잎나물, 김치) • 즐겁게 먹어요 –나물을 먹고 싶어 하지 않는 영아들이 많아서 처음에 있던 양보다 덜어 주고 한 번씩 먹어 볼 것을 권유함 –영아들이 각각 선호하는 반찬 이름을 알려 주면 맛있게 먹는 모습을 격려함
12:15~13:00	• 이 닦기 및 오후 실내자유놀이/기저귀 갈기	• 이 닦기 및 오후 실내자유놀이/기저귀 갈기 –자신의 차례에 교사의 도움으로 양치질을 하여 보기 –물을 뱉지 못하는 영아는 치약 없이 먹을 수 있는 물로 헹구어 보기 –세수하고 로션 바르기와 기저귀 갈기를 함 –잠옷이나 편안한 곳으로 갈아입고 제한된 영역에서 블록과 책을 통하여 조용한 놀이 즐기기

13:00~15:30	• 낮잠 준비 및 낮잠 –내 이불, 내 베개를 찾아요	• 낮잠 준비 및 낮잠 –영아가 옷을 갈아입는 것까지 낮잠 준비를 모두 마치면 이불을 깔아 주면서 영아 개별의 이름을 불러 줌 –"○○ 베개는 어디에 있나요?", "이불은 어디에 있을까?" 하고 자신의 이불과 베개를 찾아볼 수 있도록 함 –대부분의 영아들이 자신의 베개와 이불을 찾을 수 있었음
15:30~16:00	• 낮잠 깨기 및 정리정돈/기저귀 갈기 –내 이불, 내 베개를 찾아요	• 낮잠 깨기 및 정리정돈/기저귀 갈기 –낮잠에서 깨면 교사가 개별로 다리를 주물러 주거나 기지개를 켜도록 도움 –기저귀를 확인하고 갈아 줌 –교사가 정리 시 자신의 베개를 가져 올 수 있는 영아에게 "○○ 베개는 어디에 있나요? 선생님께 가져 올까요?"라고 물어봄. 가져 온 영아에게는 "도와줘서 고마워요."라고 말함 –옷을 갈아입도록 도와줌
16:00~16:30	• 손 씻기 및 오후 간식(단호박 범벅) • 즐겁게 먹어요 –호박을 먹는 것을 낯설어하는 경우 탐색할 시간을 주기	• 손 씻기 및 오후 간식(단호박 범벅) –'즐겁게 먹어요'의 일상활동이 오후에 지속되도록 함 –교사의 예측과 달리 호박을 먹는 것에 대해 거부감이 있는 영아들은 없었음 –숟가락으로 조금 덜어 주고 만져 볼 수 있도록 하였으나 만지고자 하는 영아들도 없었음
16:30~18:00	* 오후 실내자유놀이/귀가 • 신체: 둥근 고리 끼우기 놀이해요 –오전에 실행한 것처럼 고리 끼우기 놀이와 함께 고리를 머리에 올리고 떨어뜨리는 놀이를 계획함	* 오후 실내자유놀이 –오전에 했던 '울퉁불퉁 종이에 끼적여요'를 실외에서 진행하기로 함 –두꺼운 큰 전지와 크레파스를 첨가하여 실외 바닥에 종이를 깔고 영아들이 그 위에 앉아 끼적이는 경험을 함 다수의 영아들이 종이 위가 아닌 바닥에 끼적이기를 하려는 시도가 많았음

16:30~18:00	• 언어: 울퉁불퉁 종이에 끼적여요 –오전에 끼적거리기 한 종이를 바닥에 붙인 경우 위에 투명 비닐을 덮어 주거나 벽면에 게시하여 함께 보도록 함 • 감각 · 탐색: 누구의 기저귀일까요? –여러 가지 질감의 기저귀를 만져 보기 • 역할 · 쌓기: 밀가루 반죽에 빨대를 꽂아요 –오전에 했던 밀가루 반죽에 빨대를 꽂아 보고 생일 초 꽂기 놀이를 흉내 내 보는 것을 계획함	
18:00~19:30	* 오후 통합보육 –개인 소지품을 챙긴 뒤 교사와 함께 통합보육실로 이동하기 –부모님께서 오시면 교사와 인사와 포옹을 한 뒤 귀가하기	
평가	–손 씻기 일과 동안 영아들이 물을 갖고 만지고 흐르는 물에 손을 이리저리 대 보면서 물에 대한 영아의 탐색이 손 씻기 시간에 많이 나타나는 것을 알 수 있었음. 교실에서의 놀이나 실외 시간에 물을 갖고 놀이하는 활동을 계획하고 실행함으로써 일상에서의 관심을 보다 적극적인 놀이로 지속시켜야 할 것임. 실내에서 물과 관련된 활동을 자주 할 수 있는 방법에 대해 동료 교사와 의논할 필요가 있음 –교사가 머리에 고리를 올려놓고 고개를 숙여 떨어뜨리자 영아들이 매우 즐거워하고 곧 따라 하는 것을 알 수 있었는데 이러한 흥미가 계속된다면 팥주머니, 작은 인형 등을 첨가하여 수요일 정도에 새롭게 계획된 활동으로 추가할 수 있음 –영아들이 크기가 작은 종이를 벽지처럼 큰 종이보다 덜 사용하므로 내일부터는 다른 종이들도 벽지처럼 크게 잘라서 사용하려고 함 –월령이 낮은 영아는 빨대를 꽂을 때 빨대가 반죽의 탄성에 따라 다시 튀어 나오는 것을 관찰함 빨대의 지름을 12mm짜리로 바꾸어 내일 다시 해 볼 수 있도록 할 계획임 –실외에서 끼적이기 활동을 할 때는 종이보다는 바닥에 끼적이는 것에 영아들의 관심이 많은 것을 알 수 있어서 다음 활동계획 시 바닥에 끼적일 수 있는 영아용 굵은 색분필을 준비하여 활동을 진행해 볼 것임	
비고	소방대피 훈련 실시	

참고: 중앙육아종합지원센터 (2013).

표 5-13 만 2세 일일보육계획안

2세 일일보육계획 및 실행		2012년 10월 29일 월요일 날씨: 맑음	담임	원장
놀이주제	알록달록 가을이에요			
소주제	가을 나무			
시간 및 활동 명	활동계획 및 방법	준비물 및 유의점	실행	
7:30~9:00 등원 및 통합보육	• 등원하는 영아 반갑게 맞이하기 • 영아의 기분과 건강상태 확인하기 • 스스로 소지품 정리할 수 있도록 도와주기 • 투약 의뢰서 유무 확인하기 • 통합보육실에서 자유놀이하기	출석 카드 투약 의뢰서 일일연락장 영역별 놀잇감	부모님과 등원하는 영아에게 아침에 무엇을 먹었는지 물어보거나 자신이 무엇을 먹었는지에 대해 이야기를 나누었다.	
9:00~9:30 화장실 가기 및 오전 간식	• 화장실 다녀오기 및 손 씻기 • 준비된 간식 가지고 자리에 앉기 • 간식 먹은 후 함께 자리 정리하기	시리얼 우유		
9:30~10:50 오전 실내자유 놀이	• 새로운 영역 활동 개별적으로 소개하기 • 관심 있는 영역에서 자유롭게 활동하도록 돕고, 긍정적 상호작용 나누기 • 교사의 도움이 필요한 놀이에 적절히 참여하기 [신체] 낙엽비가 내려요 -이전에 산책활동 통해 낙엽을 뿌리며 관찰한 경험 회상하기 -환경 인쇄물로 만든 낙엽을 위로 던지며 움직임 관찰하기	과일 열매 사진 까꿍판 환경 인쇄물 종이 낙엽 영아용 빗자루와 쓰레받기 영역별 기본 놀잇감	[언어] 벽에 붙은 과일 사진을 보고 '사과'라고 말하기도 하고 까꿍판을 열고 '사과'가 나오자 벽을 바라보며 사진을 찾는 모습이 관찰되었다. 벽에 있는 사진과 까꿍판 사진을 탐색한 후 같은 사진을 찾아볼 수 있었다.	

9:30~10:50 오전 실내자유놀이	[언어] 과일 · 열매 까꿍 카드 –벽에 붙인 과일 · 열매 사진을 보고 함께 탐색하기 –까꿍판에 같인 사진 넣어 함께 열어 보고 탐색하기 –벽에 붙인 사진과 까꿍판 같은 사진 고르기 [감각 · 탐색] [역할 · 쌓기] 낙엽을 청소해요 –종이 낙엽이 떨어진 바닥을 함께 빗자루로 쓸고 쓰레받기에 담아 보기 [미술] [음률]		[역할] 종이 낙엽을 빗자루로 쓸어서 쓰레받기로 담다가 몇 개가 담기 힘들자 손으로 집어 쓰레받기에 담기도 했다. 그리고 또 쏟아서 쓸고 담는 놀이를 반복했다. 어떤 친구는 쓰레받기에 낙엽을 담아서 휴지통에 넣으려고 하였다. "청소하자."라는 말에 대한 친구들의 반응이 전보다 빨라졌다.
10:50~11:10 정리정돈 및 화장실 가기	• 놀잇감 바르게 사용하도록 안내하고 함께 정리하기 • 화장실 다녀오기		
11:10~11:50 실외놀이 및 손 씻기	[실외놀이] 동물 인형 목욕시키기 –전 주에 했던 활동 회상 질문하기 –좋아하는 동물 인형을 스스로 선택하여 함께 목욕놀이하기 (대체활동) 실내에서 동물 인형 목욕시키기 • 화장실 다녀오기 및 손 씻기	동물 인형, 수조, 목욕의자, 스펀지, 비누, 수건	여러 가지 동물 인형 바구니를 함께 들고 나갔다. 비누칠을 해 주면서 "세수해."라고 말하기도 하고 수건에 동물 인형을 눕혀서 "시원해."라고 말하기도 했다.
11:50~13:20 점심식사 및 이 닦기	• 골고루 음식 먹고 함께 정리하도록 안내하기 • 이 닦기 • 먼저 먹은 친구는 자유롭게 놀이하기	현미밥 맑은 콩나물국 채소치즈계란말이 연근조림 배추김치	밥을 먹다가 숟가락을 떨어뜨리자 한 친구가 자기 숟가락을 들고 "줄까?"라고 했다. 다른 수저로 교체해 주니까 "좋아?"라고 친구에게 말을 했다.
13:20~15:00 낮잠	• 편안한 분위기 느끼도록 낮잠 준비하기 • 편하게 낮잠 자기 • 개인 이불 함께 정리하기		

15:00~15:30 화장실 가기 및 오후 간식	• 화장실 다녀오기 및 손 씻기 • 준비된 간식 가지고 자리에 앉기 • 간식 먹은 후 함께 자리 정하기	간장비빔쌀국수 사과	
15:30~16:50 오후 실내자유 놀이	• 원하는 영역에서 자유롭게 놀기 • 놀잇감 바르게 사용하도록 안내하고 함께 정리하기		[신체] 낙엽을 보여 주며 "우리 공원에서 보았지요?"라고 말하니까 어떤 친구는 고개를 끄덕이기도 했다. 미리 만든 종이 낙엽을 손으로 집어 서로에게 뿌려 주며 친구와 어울려 놀이할 수 있었다. '또'라고 말하며 손을 잡아끌기도 하였고 낙엽을 뿌리는 활동이 반복되었다.
16:50~17:30 실외놀이 및 손 씻기	[실외놀이] 실외놀이터에서 자유놀이 (대체활동) 실내 유희실에서 자유놀이하기 • 화장실 다녀오기 및 손 씻기		
17:30~19:30 귀가 및 통합보육	• 통합보육 하면서 개별적으로 귀가하기 • 자신의 소지품 함께 정리해 보기 • 선생님과 친구에게 '안녕' 인사하기		귀가하는 친구에게 "오늘 뭐 했는지 엄마에게 말해 보자." 라고 했더니 손을 위로 올리면서 웃었다. 궁금해하는 어머니께 낙엽을 뿌리는 활동을 흉내 내는 것 같다고 말씀드렸다.
평가	산책을 하면서 낙엽을 줍고 손으로 뿌리기도 한 경험이 영아들에게 인상 깊었던 것 같다. 낙엽비 활동을 할 때 이전 경험이 자연스럽게 회상되어 매우 즐거워하였는데 좀 더 활발한 활동 지원을 위해 내일은 넓은 공간에서 활동을 해 보아야겠다.		
비고	개별 침구 요청: 민수 어머니께 귀가 시간에 금요일에 보내드린 개별 침구를 보내 주지 않아 여벌 침구로 낮잠 지도를 했다고 말씀드리고 내일 침구를 보내 달라고 말씀드림		

참고: 중앙육아종합지원센터 (2013).

제6장

놀이 지원활동 방법

이 장은 여러 놀이 지원활동 방법을 영아 발달에 적합한 보육목표에 따라 이해하도록 함으로써 놀이 지원활동 계획 및 운영 능력 기르는 것을 목표로 한다.

1. 놀이 지원활동 계획
2. 동화 지도 방법
3. 새 노래 지도 방법
4. 신체표현(동작활동) 지도 방법
5. 게임 지도 방법
6. 미술(조형) 지도 방법
7. 과학(요리)활동 지도 방법

영아를 위한 놀이 지원활동은 주로 개별놀이를 위한 활동으로 계획되며 운영된다. 영아에게 대집단 활동을 운영하는 경우, 오랜 시간 주의집중을 강요하는 등 발달에 부적합한 요구를 할 수 있기 때문이다.

영아를 대상으로 놀이 지원활동을 계획하고 운영할 때는 영아가 흥미를 가지고 활동에 능동적으로 참여하도록 해야 하며, 영아의 발달수준에 적합하도록 적절하게 계획해야 한다.

영아 발달수준에 적합한 놀이 지원활동 계획 시 고려할 사항은 다음과 같다.

1. 놀이 지원활동 계획

놀이를 효과적으로 지원하기 위한 활동을 계획하기 위해서는 다음을 고려해야 한다.

첫째, 이전 놀이 평가

이전 놀이를 관찰하여, 놀이 내용을 평가함으로써 현재 놀이를 보다 확장시키고 더욱 지원할 수 있는 활동 내용과 활동 유형 및 활동 방법, 활동 목표를 계획해야 한다.

놀이 지원활동 계획을 위한 '이전 놀이 평가' 예시

• 놀이 상황

• 놀이 평가

–영아들이 계절이 변함에 따라 나뭇잎의 색깔이 다양하게 변하는 것에 흥미를 보임. 나뭇잎의 색깔이 변화하는 것은 가을의 계절적 특성임을 알게 해 주는 것이 도움이 될 것 같음.

• 활동계획

–활동 목표: 〈가을 길〉 노래를 불러 보면서 가을의 계절적 특성인 나뭇잎 색의 변화에 대해 안다.

–활동 유형: 새 노래 지도

–활동 내용: 나뭇잎 색의 변화는 가을의 계절적 특성임을 알도록 해 준다.

가을 길

김규환 작사/작곡

–활동 방법: 노랫말과 관련된 그림 자료, 율동을 통해 가을의 계절적 특성인 나뭇잎 색의 변화에 대해 이해하도록 도움.

둘째, 흥미로운 도입 계획

영아의 능동적 활동 참여를 돕기 위해서는 흥미로운 도입을 계획해야 한다. 이때, 여러 명의 영아가 흥미를 보이는 경우에는 소집단으로도 활동을 진행할 수 있다. 하지만 활동 마지막까지 모두 참여하도록 강요하지 않아야 한다.

놀이 지원활동 계획을 위한 '흥미로운 도입 계획' 예시

• 계획한 활동
 –활동 목표: 〈가을 길〉 노래를 불러 보면서 가을의 계절적 특성인 나뭇잎 색의 변화에 대해 안다.
 –활동 유형: 새 노래 지도
 –활동 내용: 나뭇잎 색의 변화는 가을의 계절적 특성임을 알도록 해 준다.

가을 길

김규환 작사/작곡

 –활동 방법: 노랫말과 관련된 그림 자료, 율동을 통해 가을의 계절적 특성인 나뭇잎 색의 변화에 대해 이해하도록 도움.

• 흥미로운 도입 계획
 –계획 1: 노랫말과 관련된 그림 자료를 통해 이야기 형식으로 노랫말을 들려준다.
 –계획 2: 노랫말과 관련된 율동을 보여 주며, 율동을 따라 하도록 하면서 노래를 들려준다.

셋째, 발달에 적합한 활동 소요시간 계획하기

영아 발달에 적합한 활동 소요시간을 계획하고, 이에 따른 활동 전개와 활동 평가가 이루어지도록 활동을 계획해야 한다. 대체로 만 1세 이하는 약 5분 정도가 적당하며, 만 2세는 약 10분 정도가 적당하다. 하지만 활동에 참여하면서 보이는 영아의 흥미에 따라 융통성 있게 시간 조정이 가능하다.

넷째, 발달에 적합한 활동 자료 계획하기

영아 발달에 적합한 활동 자료를 선정하고, 이를 효과적으로 활용해야 한다. 활동 자료를 선정할 때는 자료 재질의 특성, 자료의 크기, 활용 방법 등을 영아의 신체 발달, 인지 발달, 언어 발달 등을 고려하여 선정하고, 활용하도록 계획해야 한다. 이와 관련하여 구체적인 사항은 이 책의 제8장을 참고할 수 있다.

위의 사항을 고려하여 다음의 활동계획안을 작성해 볼 수도 있다.

활동계획안의 예시는 다음과 같다.

활동계획안 양식 예				
놀이주제		실습생	지도교사	원장
소주제				
활동 명		활동영역		
활동 유형		대상 연령		
표준보육과정 관련 요소				
활동 목표				
활동 자료				
	활동 방법			
도입				
전개				
마무리				
활동 시 유의점				
활동 평가				
지도교사 평가				

구체적인 작성 방법을 살펴보면 다음과 같다.

1) 놀이주제

놀이주제는 기관의 연간보육계획안이나 월간보육계획안에 근거한 것으로 활동을 계획하는 해당 월의 놀이주제를 작성한다.

2) 소주제

소주제는 주간보육계획안에 근거하여 놀이주제에 적합한 보육내용을 구체적으로 선정한 것으로 활동을 준비하는 해당 요일의 소주제를 작성한다. 만약 주간보육계획안을 작성하지 않는 기관이라면, 해당 란에 소주제 대신 월간보육계획안에 작성된 주 차별 '주제'를 작성할 수도 있다.

3) 활동 명

활동 명은 활동 목표와 관련하여 활동을 대표할 수 있도록 자유롭게 만들어 볼 수 있다.

4) 활동영역

활동을 운영해야 하는 흥미영역을 작성한다.

5) 활동 유형

활동 유형이 동화인지, 미술인지 등을 구분하여 작성한다.

6) 대상 연령

활동의 대상이 되는 영아의 연령을 작성한다.

7) 표준보육과정 관련 요소

활동과 관련한 표준보육과정의 영역별 내용을 차례대로(영역–내용 범주–내용) 작성한다. 하루일과에 계획된 활동이 표준보육과정의 모든 영역을 포함하는 것이 좋으므로 다른 활동과 고려하여 작성한다.

예 의사소통영역 〉 듣기와 말하기 〉 상대방의 이야기를 듣고 말한다.

8) 활동 목표

활동의 목표를 진술하는 것으로 목표에 따라 활동 내용이 논리적으로 전개되어야 한다.

활동 목표 진술 시 고려해야 할 사항과 예시는 다음과 같다.

- 영아가 학습할 지식, 기술, 태도 측면에서 모두 진술한다.
  예 지식) 위험한 상황을 안다.
  예 기술) 위험한 상황에서 어른의 지시에 따를 수 있다.
  예 태도) 위험한 상황에서 조심하는 태도를 기른다.
- 내용과 행동이 포함되어 구체적이고 명료하게 진술한다.
  예 지식) 위험한 상황(내용)을 안다(행동).
- 동사의 주어가 교사가 아닌 학습자로, 학습자의 관점에서 진술해야 한다.
  예 위험한 상황에서 어른의 지시에 따를 수 있다. (○)

예 위험한 상황에서 어른의 지시에 따르도록 한다. (×)

- 한 문장에 가능한 한 가지 목표가 포함되도록 진술한다.

예 위험한 상황을 알고, 어른의 지시에 따를 수 있다. (×)

예 위험한 상황을 안다. (○)

9) 활동 자료

활동을 위해 필요한 교재교구를 구체적으로 작성한다. 때에 따라서는 사진을 포함하는 것도 좋다.

10) 활동 방법

활동은 '도입–전개–마무리' 순서로 이루어지며, 순서에 따라 활동 내용을 구분하고, 번호와 함께 구체적이고 명료한 용어로 진술하여야 한다. 활동 내용은 앞서 언급한 대로 활동 목표와 관련된 것으로만 논리적으로 조직되어야 한다. 또한, 활동 내용 아래 활동을 이끄는 교사의 주요 발문을 적을 수 있다.

(1) 도입

도입 단계의 목표는 주로 주의집중과 동기유발이다. 따라서 도입 단계에서는 영아의 흥미를 끌고, 능동적으로 참여할 수 있도록 계획해야 한다. 예를 들어, 이전 경험과 관련짓기, 활동과 관련한 수수께끼나 퀴즈 등으로 이루어진다. 활동 시간의 약 10~15% 정도를 차지한다.

(2) 전개

전개 단계의 목표는 학습 내용을 제시하고, 영아의 참여를 유도하는 상호작용을 통해 목표를 달성하도록 하는 것이다. 활동 시간의 70~80%를 차지한다. 활동은 교사 주도형이 아닌, 반드시 영아의 흥미를 통한 능동적 참여를 이끌어 내도록 발달에 적합한 흥미로운 활동 자료와 교수·학습 방법을 사용하여야 한다.

(3) 마무리

마무리 단계의 목표는 활동 기억을 위한 간단한 요약 정리, 정서적 평가이다. 활동 시간의 10~15% 정도를 차지한다.

11) 활동 시 유의점

활동을 진행할 때 교사가 유의해야 하는 사항을 작성한다. 교재교구 활용 시 유의점이나 상호작용 시 유의점 등을 작성할 수 있다.

12) 활동 평가

활동을 끝낸 후, 영아의 활동 참여 태도 등을 평가하고, 다음 놀이 지원계획을 세워야 한다. 또한 스스로 아쉬웠던 점을 평가하여 작성한다. 평가를 할 때는 목표 달성에 대한 평가, 상호작용에 대한 평가, 교재교구 활용에 대한 평가, 시간 관리에 대한 평가 등을 작성할 수 있다. 또한, 활동 운영에 대해 실습 지도교사에게 궁금한 점을 작성할 수 있다.

13) 지도교사 평가

실습 지도교사가 활동 운영에 대해 평가를 작성하도록 한다.

연령별 활동계획안 예시는 다음과 같다.

표 6-1 만 0세 활동계획안

활동 명	없어졌다! 나타났다!	활동 일시	
활동 유형	실내자유놀이(탐색)	대상 연령	0세
표준보육과정 관련 요소	자연탐구 > 생활 속에서 탐구하기 > 물체의 수량에 관심을 가진다. 사회관계 > 더불어 생활하기 > 안정적인 애착을 형성한다.		
활동 목표	부채로 까꿍 놀이를 하며 있고 없는 상황을 지각한다. 교사와 함께 놀이를 하며 교사의 얼굴이 익숙해진다.		
활동 자료	부채, 손수건		
	활동 방법		
도입	1. 교사가 영아의 눈을 손으로 가리며 흥미를 유도한다. -(영아의 눈을 손으로 가리며) 선생님 어디 있지? -(영아의 눈을 가렸던 손을 치우며) 아, 선생님 여기 있네.		
전개	2. 얼굴이 가려지는 부채로 교사의 얼굴을 가리고 까꿍 놀이를 해 본다. -(부채로 얼굴을 가리면서) 선생님이 어디 갔지? 선생님 없네~ -(부채를 치우며 얼굴을 보이면) 선생님 여기 있네! 3. 부채로 친구들의 얼굴이나 보육실 안의 놀잇감을 안 보이게 가리면서 까꿍 놀이를 시도한다. -(부채로 놀잇감을 가리면서) 멍멍이는 어디 갔지? 여기 있네. -(부채로 친구의 얼굴을 가리며) △△가 없네. 어디 갔니? 여기 있다. 4. 영아가 교사를 쳐다보고 있을 때, 교사가 교실 장 옆에 숨는다. -(영아의 이름을 몇 차례 부르면서) ○○아, 선생님 어디 있게? 5. 영아가 교사를 찾아낼 수 있도록 힌트를 제공하고 찾아내면 교사는 영아를 안아 준다. -(교사를 찾는 순간) 까꿍! ○○가 선생님을 찾았네. -(영아를 안아 주면서) 선생님은 ○○를 사랑해.		
마무리	6. 활동에 대해 평가한다. -오늘 선생님하고 까꿍 놀이를 했어요. -오늘 활동 재미있었나요?		

활동 시 유의점	1. 아직 대상 영속성의 개념이 불완전하므로 다 숨기지 말고 신체의 일부분이나 특정 부분이 보일 수 있게 한다. 2. 영아의 개인차에 따라 숨어 있는 시간을 가감한다.
활동 평가	
지도교사 평가	

참고: 중앙육아종합지원센터 (2013).

표 6-2 만 1세 활동계획안

활동 명	휴지 블록을 쌓아요	활동 일시	
활동 유형	실내자유놀이(역할 · 쌓기)	대상 연령	만 1세
표준보육과정 관련 요소	자연탐구 > 탐구과정 즐기기 > 사물과 자연 탐색하기를 즐긴다. 신체운동 > 신체활동 즐기기 > 대소근육을 조절한다.		
활동 목표	휴지 블록을 다양한 방법으로 탐색한다. 휴지 블록을 쌓아 본다.		
활동 자료	두루마리 화장지		
	활동 방법		
도입	1. 휴지 블록을 영아가 생각해 낸 다양한 방법으로 탐색을 해 본다. –이게 뭘까요? –(휴지 블록을 굴리는 영아에게) 데구루루 굴러갔네요. –어? 구멍이 있네요. 구멍 속으로 ○○이 손이 쑥 들어갔어요? 손에 휴지가 끼워졌네요. –휴지 구멍으로 아~ 하고 소리도 내 볼까요? –손톱으로 긁어지네. 푹신푹신하구나. –(휴지 블록의 구멍을 통해 영아와 서로 보며) ○○이가 보이네, 안녕? –휴지 위에 앉았네요.		

전개	2. 휴지 블록을 위로 쌓아 보거나 길게 늘어놓아 본다. –휴지 위에 또 하나 올려 볼 거예요? 하나 더 올려 보고 또 하나……. –우와! 휴지가 높이높이 올라가네요. –○○이 키만큼 높아졌네. –어, 기울어진다. 어~어, 쓰러졌네요. 또 해 볼 거예요? 3. 휴지 블록 위로 걸어 본다. –휴지를 길게 놓았구나. –휴지 위로 걸어가 볼 거예요? –조심조심, 떨어질 것 같아요? 선생님이 손잡아 줄까요?
마무리	4. 활동에 대해 평가한다. –오늘 무엇을 가지고 활동했어요? –오늘 활동 재미있었나요?
활동 시 유의점	1. 영아가 쌓고 무너뜨리고 할 수 있는 만큼 충분한 수량을 제공한다. 2. 놀이하는 도중 휴지를 감싼 종이가 벗겨지면 한두 개 정도를 휴지를 풀고 감고 길게 풀어서 놀이하기로 확장해 볼 수 있다.
활동 평가	
지도교사 평가	

참고: 중앙육아종합지원센터 (2013).

표 6-3 만 2세 활동계획안

활동 명	알록달록 가을 나무 꾸미기	활동 일시	
활동 유형	실내자유놀이(미술)	대상 연령	만 2세
표준보육과정 관련 요소	예술경험 > 창의적으로 표현하기 > 미술 재료와 도구로 표현해 본다. 예술경험 > 아름다움 찾아보기 > 아름다움에 관심을 갖고 찾아본다.		
활동 목표	다양한 재료를 이용하여 가을 나무를 꾸며 본다. 나무에 매달 다른 모양과 색의 특성을 안다.		
활동 자료	도화지, 다양한 환경 인쇄물(각종 생활용품 상자), 그리기 도구(색연필, 크레파스, 사인펜, 매직), 찍기 도구(물감, 여러 가지 나뭇잎 모양 스펀지 도장)		

	활동 방법
도입	1. 여러 가지 생활용품 상자를 살펴보며 친숙한 그림을 찾아본다. –○○야, 친구들이랑 상자에 어떤 그림이 있는지 찾아볼까요? –어! 여기 옥수수가 있네요. –이것은 어떤 물건이 들어 있었던 상자예요? –△△는 어떤 그림을 찾았나요?
전개	2. 영아에게 친숙한 환경 인쇄물을 붙인 가을 나뭇가지 배경종이를 보여 이렇게 가을 나무를 꾸며 주고 싶은지 이야기해 본다. –○○는 어떤 그림의 나무가 마음에 들어요? –나무에 알록달록 예쁜 옷을 입혀 주면 좋을 것 같아요. –△△야, 가을 나무에 어떤 옷을 입으면 좋을까? –나무에 무엇을 더 꾸며 주면 좋을까요? 3. 다양한 재료를 이용하여 가을 나무를 꾸며 본다. 그리기 도구 외에 물감 찍기, 다양한 종이 붙이기 등을 사용하여 만들어 본다. –○○는 어떤 나뭇잎 모양 스펀지를 찍어 보고 싶나요? –알록달록 옷을 입은 나무네요. △△의 나무에 잘 어울리네요.
마무리	4. 활동에 대해 평가한다. – 오늘 무슨 활동을 했어요? – 오늘 활동 재미있었나요? – 가장 즐거웠던 것은 무엇인가요? – 아쉬웠던 것은 무엇인가요?
활동 시 유의점	활동 후 작품을 게시하여 영아들이 다른 영아들의 작품을 자유롭게 볼 수 있도록 한다. 놀이 중 더 꾸며 보고 싶은 것을 해 볼 수 있도록 격려한다.
활동 평가	
지도교사 평가	

참고: 중앙육아종합지원센터 (2013).

영아 발달수준에 적합한 놀이 지원활동 유형별 지도방법은 다음과 같다.

2. 동화 지도 방법

동화 지도는 주로 실내 언어영역이나 실외활동으로 이루어질 수 있다. 교사의 도입활동을 통해 영아가 동화에 흥미를 보이는 경우, 이를 교육적으로 지원할 수 있다.

영아를 대상으로 한 동화활동의 목적은 그림책에 관심(흥미)을 가지도록 하는 것과 들려주는 이야기를 듣고, 중요 낱말과 간단한 문장을 말해 보는 데 있다. 또한, 정서적으로 그림책 속 등장인물의 감정을 인식하고, 이에 반응해 보는 데 목적이 있다.

보건복지부(2020)가 고시한 제4차 표준보육과정과 관련하여 동화 지도 시 전반적으로 고려해야 할 교육내용을 제시하면 다음과 같다.

표 6-4 표준보육과정과 관련한 동화 지도 시 고려해야 할 교육내용

영역	내용범주	연령	내용
의사소통 영역	듣기와 말하기	만 0~1세	• 표정, 몸짓, 말과 주변의 소리에 관심을 갖고 듣는다.
		만 2세	• 표정, 몸짓, 말에 관심을 갖고 듣는다. • 상대방의 이야기를 듣고 말한다.
	읽기와 쓰기에 관심 가지기	만 0~1세	• 주변의 그림과 상징에 관심을 가진다.
		만 2세	• 주변의 그림과 상징, 글자에 관심을 가진다.
	책과 이야기 즐기기	만 0~1세	• 이야기에 관심을 가진다.
		만 2세	• 책에 관심을 가지고 상상한다. • 말놀이와 이야기에 재미를 느낀다.
사회관계 영역	더불어 생활하기	만 0~1세	• 다른 사람의 감정과 행동에 관심을 가진다.
		만 2세	• 다른 사람의 감정과 행동에 반응한다.

위의 교육내용을 포함하여 활동의 도입, 전개, 마무리 동안 다음과 같이 운영할 수 있다.

활동 단계	지도 방법
도입	• 동화에 대한 호기심 유발하기 (예: 표지의 그림 활용 등)
전개	• 의성어, 의태어 중심으로 리듬감 있는 단어와 문장 들려주기 • 반복되는 짧은 문장을 중심으로 들려주기 • 페이지마다 주요 그림을 가리키며 동화 내용을 이해하도록 돕기 • 동화 속 등장인물의 감정을 표정이나 몸짓, 소리로 표현해 보도록 하기
마무리	• 동화 속 중요 등장인물/사건을 기억하는 질문하기 • 활동에 대한 정서적 평가하기

[그림 6-1] **활동 단계에 따른 영아 대상 동화 지도 방법**

영아를 대상으로 한 동화활동 운영 시 주의할 사항은 교사가 먼저 동화 내용을 숙지하여 영아가 이해할 수 있도록 단어, 문장, 대사를 각색하는 것이 중요하다. 또한 영아의 주의집중을 위해 융판 동화나 앞치마 동화 등으로 제작하여 들려주는 것이 좋다. 그리고 동화 속 상황 변화에 따라 교사 말소리의 높낮이나 소리 크기, 속도를 적절히 조절하는 것도 주의를 집중시키는 데 좋다.

3. 새 노래 지도 방법

새 노래 지도는 주로 실내 음률영역이나 실외활동으로 이루어질 수 있다.

교사의 도입활동을 통해 영아가 새 노래에 흥미를 보이는 경우 교육적으로 지원할 수 있다.

영아를 대상으로 한 새 노래 지도의 목적은 노래의 아름다움을 느끼고 언어나 몸짓으로 표현하도록 하는 데 있다. 또한 노래 내용에 맞는 몸짓과 언어 표현을 하도록 함으로써 이해력을 증진하는 데 있다. 그리고 정서적으로 자신의 감정을 표현하고 부정적 정서를 해소하는 데 목적을 둔다.

보건복지부(2020)가 고시한 제4차 표준보육과정과 관련하여 새 노래 지도 시 전반적으로 고려해야 할 교육내용을 제시하면 다음과 같다.

표 6-5 표준보육과정과 관련한 새 노래 지도 시 고려해야 할 교육내용

영역	내용범주	연령	내용
신체운동 영역	신체활동 즐기기	만 0~2세	• 실내외 신체활동을 즐긴다.
의사소통 영역	듣기와 말하기	만 0~1세	• 표정, 몸짓, 말과 주변의 소리에 관심을 갖고 듣는다.
		만 2세	• 표정, 몸짓, 말에 관심을 갖고 듣는다. • 상대방의 이야기를 듣고 말한다.
	책과 이야기 즐기기	만 0~1세	• 이야기에 관심을 가진다.
		만 2세	• 말놀이와 이야기에 재미를 느낀다.
사회관계 영역	나를 알고 존중하기	만 0~1세	• 나의 욕구와 감정을 나타낸다.
		만 2세	• 나의 감정을 표현한다.
예술경험 영역	아름다움 찾아보기	만 0~1세	• 아름다움에 관심을 가진다.
		만 2세	• 자연과 생활에서 아름다움을 느끼고 즐긴다.
	창의적으로 표현하기	만 0~1세	• 소리와 리듬, 노래로 표현한다. • 모방 행동을 즐긴다.
		만 2세	• 익숙한 노래와 리듬을 표현한다. • 움직임과 춤으로 자유롭게 표현한다.

위의 교육내용을 포함하여 활동의 도입, 전개, 마무리 동안 다음과 같이 운영할 수 있다.

활동 단계	지도 방법
도입	• 새 노래에 대한 호기심 유발하기 (예: 노래 제목과 내용 간단히 들려주기, 노래 들려주기 등)
전개	• 노래 내용과 관련한 율동을 보여 주며, 노래 들려주기 • 교사의 율동을 모방하며 내용을 이해하도록 돕기 • 율동을 하며, 익숙한 노랫말을 소리 내며 따라 부르도록 하기 • 노래의 속도와 소리 크기 등을 조절하여 영아들이 즐겁게 참여하도록 하기
마무리	• 노래 제목을 기억하는 질문하기 • 활동에 대한 정서적 평가하기

[그림 6-2] **활동 단계에 따른 영아 대상 새 노래 지도 방법**

영아를 대상으로 한 새 노래 지도 시 주의할 사항은 교사가 영아에게 적합한 동요를 선정해야 하며, 노랫말에 맞는 간단한 손 율동을 만들어 숙지해야 한다. 또한 영아의 주의집중을 위해 노래 가사판을 그림 자료로 만들어 들려주면 영아들의 노랫말 이해에도 도움이 된다.

4. 신체표현(동작활동) 지도 방법

신체표현 활동은 크게 기본운동의 동작활동과 창의적 신체표현 활동으로 구분된다. 영아는 창의적 신체표현을 하기에는 아직 신체운동 능력과 인지 능력이 발달하지 못하여 기본운동의 동작활동 위주로 이루어지며, 유아를 대상으로는 주로 창의적 신체표현 활동이 이루어진다.

신체표현(동작활동)은 주로 실내 신체영역이나 실외활동으로 이루어질 수 있다. 교사의 도입활동을 통해 영아가 동작활동에 흥미를 보이는 경우, 교육적으로 지원할 수 있다.

영아를 대상으로 한 동작활동의 목적은 신체 부위별 움직임을 인식하고, 신체를 조절하여 움직이는 능력을 기르는 데 있다. 또한 정서적으로 자유로운 신체표현을 통해 부정적 정서를 해소하는 데 목적을 둔다.

보건복지부(2020)가 고시한 제4차 표준보육과정과 관련하여 동작활동 지도 시 전반적으로 고려해야 할 교육내용을 제시하면 다음과 같다.

표 6-6 표준보육과정과 관련한 동작활동 지도 시 고려해야 할 교육내용

영역	내용범주	연령	내용
신체운동 영역	감각과 신체 인식하기	만 0~1세	• 신체를 탐색한다.
		만 2세	• 신체를 인식하고 움직인다.
	신체활동 즐기기	만 0~1세	• 기본운동을 시도한다.
		만 2세	• 기본운동을 즐긴다.
사회관계 영역	나를 알고 존중하기	만 0~1세	• 나의 욕구와 감정을 나타낸다.
		만 2세	• 나의 감정을 표현한다.
예술경험 영역	창의적으로 표현하기	만 0~1세	• 모방 행동을 즐긴다.
		만 2세	• 움직임과 춤으로 자유롭게 표현한다.

위의 교육내용을 포함하여 활동의 도입, 전개, 마무리 동안 다음과 같이 운영할 수 있다.

활동 단계	지도 방법
도입	• 동작활동에 대한 호기심 유발하기 (예: 노래와 함께 동작 보여 주기 등)
전개	• 동작을 위한 개인 공간을 확인하고 안전한지 확인하기 • 교사의 동작을 모방하며 움직이도록 하기 • 교사가 언급하는 신체 부위와 동작 명칭을 이해하며 움직이도록 하기 • 동작을 반복하여 움직이도록 하기
마무리	• 기억에 남는 동작 질문하기 • 활동에 대한 정서적 평가하기

[그림 6-3] **활동 단계에 따른 영아 대상 동작활동 지도 방법**

영아를 대상으로 한 동작활동 시 주의할 사항은 교사가 기본운동(비이동, 이동동작)을 포함하여 동작을 만들어 시범 보여 주는 것이 필요하다. 또한, 동작을 보여 줄 때는 활용되는 신체 부위와 동작 명칭을 들려주어, 영아들이 반복하는 과정에서 신체 인식과 움직이는 동작을 이해하도록 할 수 있다.

5. 게임 지도 방법

게임활동은 크게 원게임과 편게임으로 구분된다. 영아와 저연령의 유아는 편을 나누어 인식하는 것이 어려우므로 원게임 형태 중 1:1 형식 위주로 이루어지며, 만 4~5세의 고연령 유아는 편을 나누는 편 게임을 주로 한다.

게임은 주로 실내 신체영역이나 실외활동으로 이루어질 수 있다. 교사의 도입활동을 통해 영아가 게임에 흥미를 보이는 경우, 교육적으로 지원할 수 있다.

영아를 대상으로 한 게임의 목적은 게임의 간단한 규칙을 이해하여 그에 따라 감각과 신체를 조절하고, 사회적 규칙을 이해하고 따르는 경험을 하는 데 있다.

보건복지부(2020)가 고시한 제4차 표준보육과정과 관련하여 게임 지도 시 전반적으로 고려해야 할 교육내용을 제시하면 다음과 같다.

표 6-7 표준보육과정과 관련한 게임 지도 시 고려해야 할 교육내용

영역	내용범주	연령	내용
신체운동 영역	감각과 신체 인식하기	만 0~1세	• 신체를 탐색한다.
		만 2세	• 신체를 인식하고 움직인다.
	신체활동 즐기기	만 0~2세	• 대소근육을 조절한다. • 실내외 신체활동을 즐긴다.
의사소통 영역	듣기와 말하기	만 0~1세	• 상대방의 이야기를 들으면서 말소리를 낸다.
		만 2세	• 상대방의 이야기를 듣고 말한다.
사회관계 영역	더불어 생활하기	만 0~1세	• 다른 사람의 감정과 행동에 관심을 가진다.
		만 2세	• 또래와 함께 놀이한다. • 반에서의 규칙과 약속을 알고 지킨다.

위의 교육내용을 포함하여 활동의 도입, 전개, 마무리 동안 다음과 같이 운영할 수 있다.

활동 단계	지도 방법
도입	• 게임에 대한 호기심 유발하기 (예: 게임에 사용하는 자료 활용 등)
전개	• 교사와 영아들이 함께 원 대형(1:1 대형)으로 만들기 • 교사가 규칙을 간단하게 알려 주기 • 게임이 끝난 후, 규칙을 잘 지킨 것에 대해 긍정적 강화하기
마무리	• 게임 제목이나 활용한 자료, 기억에 남는 활동 방법 질문하기 • 활동에 대한 정서적 평가하기

[그림 6-4] **활동 단계에 따른 영아 대상 게임 지도 방법**

영아를 대상으로 한 게임활동 시 주의할 사항은 게임의 규칙이 매우 단순해야 한다. 또한 규칙을 잘 지키는 것에 대해 반드시 긍정적 강화를 해 주어 사회적 규칙을 습득하도록 도와야 한다.

6. 미술(조형) 지도 방법

미술(조형) 지도는 주로 실내 미술영역이나 감각 · 탐색영역, 실외활동으로 이루어질 수 있다. 교사의 도입활동을 통해 영아가 미술(조형)활동에 흥미를 보이는 경우, 교육적으로 지원할 수 있다.

미술(조형)활동의 목적은 영아로 하여금 미술 요소를 탐색하고, 다양한 재료의 특성을 탐색하여 자유롭게 표현해 보도록 하는 데 있으며, 다른 친구의 표현을 감상하고 차이를 존중하도록 하는 데 있다. 또한 표현 과정에서 자신의 정서를 표현하고, 부정적 정서를 해소하도록 하는 데 목적을 둔다.

보건복지부(2020)가 고시한 제4차 표준보육과정과 관련하여 미술(조형)활동 지도 시 전반적으로 고려해야 할 교육내용을 제시하면 다음과 같다.

표 6-8 표준보육정과 관련한 미술(조형)활동 지도 시 고려해야 할 교육내용

영역	내용범주	연령	내용
사회관계 영역	나를 알고 존중하기	만 0~1세	• 나의 욕구와 감정을 나타낸다.
		만 2세	• 나의 감정을 표현한다.
	더불어 생활하기	만 0~1세	• 또래에게 관심을 가진다.
		만 2세	• 다른 사람의 감정과 행동에 반응한다.
예술경험 영역	아름다움 찾아보기	만 0~1세	• 자연과 생활에서 아름다움을 느낀다. • 아름다움에 관심을 가진다.
		만 2세	• 자연과 생활에서 아름다움을 느끼고 즐긴다. • 아름다움에 관심을 갖고 찾아본다.
	창의적으로 표현하기	만 0~1세	• 감각을 통해 미술을 경험한다.
		만 2세	• 미술 재료와 도구로 표현해 본다.
자연탐구 영역	탐구과정 즐기기	만 0~1세	• 사물과 자연 탐색하기를 즐긴다.
		만 2세	• 사물과 자연을 반복하여 탐색하기를 즐긴다.
	생활 속에서 탐구하기	만 0~2세	• 주변 공간과 모양을 탐색한다.

위의 교육내용을 포함하여 활동의 도입, 전개, 마무리 동안 다음과 같이 운영할 수 있다.

활동 단계	지도 방법
도입	• 미술(조형)활동에 대한 호기심 유발하기 (예: 주 재료를 활용, 완성 작품을 활용 등)
전개	• 활동 재료 알아보기 • 활동 순서도(4단계 이하, 사진 활용)를 보여 주고, 순서를 이해하도록 돕기 • 순서대로 활동하도록 돕기 • 완성된 작품을 서로 감상하도록 돕기
마무리	• 활동의 제목 및 주 재료에 대한 질문하기 • 활동에 대한 정서적 평가하기

[그림 6-5] **활동 단계에 따른 영아 대상 미술(조형)활동 지도 방법**

영아를 대상으로 한 미술(조형)활동 시 주의할 사항은 활동 순서가 가급적 4단계 이하로 단순한 것이 좋으며, 순서를 모방하여 모든 영아가 동일한 작품을 완성하도록 하기보다는 순서 중에 영아의 자유로운 탐색과 표현이 가능한 과정을 포함하는 것이 좋다. 활동의 마무리에는 무엇을 표현했는지를 질문하여 영아의 생각을 글로 적어 주는 것도 좋다. 또한 활동에 사용하는 재료는 영아가 활용하기에 발달에 적합한지 판단하여 제공하는 것이 필요하다.

7. 과학(요리)활동 지도 방법

과학(요리)활동 지도는 주로 실내 감각 · 탐색영역이나 실외활동으로 이루어질 수 있다. 교사의 도입활동을 통해 영아가 과학(요리)활동에 흥미를 보이는 경우, 교육적으로 지원할 수 있다.

과학(요리)활동의 목적은 식재료가 음식으로 변화하기까지의 재료 변화 과정과 도구 사용, 측정하기 등 수·과학적 개념에 관심을 가지고 탐색하는 데 목적을 둔다. 또한, 건강교육 측면에서 요리활동을 통해 영아로 하여금 음식의 소중함을 깨닫도록 하여 균형 잡힌 영양습관을 기르도록 하는 데 목적을 둔다.

보건복지부(2020)가 고시한 제4차 표준보육과정과 관련하여 과학(요리)활동 지도 시 전반적으로 고려해야 할 교육내용을 제시하면 다음과 같다.

표 6-9 표준보육과정과 관련한 과학(요리)활동 지도 시 고려해야 할 교육내용

영역	내용범주	연령	내용
기본생활 영역	건강하게 생활하기	만 0~1세	• 음식을 즐겁게 먹는다.
		만 2세	• 음식에 관심을 가지고 즐겁게 먹는다.
	안전하게 생활하기	만 0~1세	• 위험하다는 말에 주의한다.
		만 2세	• 일상에서 안전하게 놀이하고 생활한다.
사회관계 영역	더불어 생활하기	만 2세	• 반에서의 규칙과 약속을 알고 지킨다.
자연탐구 영역	탐구과정 즐기기	만 0~1세	• 사물과 자연 탐색하기를 즐긴다.
		만 2세	• 사물과 자연을 반복하여 탐색하기를 즐긴다.
	생활 속에서 탐구하기	만 0~1세	• 친숙한 물체를 감각으로 탐색한다. • 물체의 수량에 관심을 가진다.
		만 2세	• 친숙한 물체의 특성과 변화를 감각으로 탐색한다. • 물체의 수량에 관심을 가진다. • 생활 도구에 관심을 가진다.

위의 교육내용을 포함하여 활동의 도입, 전개, 마무리 동안 다음과 같이 운영할 수 있다.

활동 단계	지도 방법
도입	• 요리활동에 대한 호기심 유발하기 (예: 주 재료를 활용, 완성된 요리 사진 활용 등)
전개	• 요리에 필요한 재료와 도구 알아보기 –감각기관으로 탐색 • 요리활동 순서도(4단계 이하, 사진 활용)를 보여 주기 • 순서대로 활동하도록 돕기 –수량, 전과 후 차이 비교 –물체와 물질 변화 탐색 –도구의 원리 탐색하고, 사용 • 완성된 요리 맛보도록 하기
마무리	• 요리 명칭이나 주 재료에 대한 질문하기 • 활동에 대한 정서적 평가하기

[그림 6–6] **활동 단계에 따른 영아 대상 과학(요리)활동 지도 방법**

영아를 대상으로 한 과학(요리)요리활동 시 주의할 사항은 요리 순서가 가급적 4단계 이하로 간단하며, 불을 사용하지 않고, 영아 발달에 적합한 재료와 도구를 활용하는 요리를 선정하는 것이 좋다. 또한, 올바른 건강습관을 기르도록 요리를 하기 전 손을 깨끗이 씻는 것부터 시작하는 것이 필요하다.

과학활동을 할 때도 사용되는 재료와 도구는 영아가 다루기 안전하고, 다루는 방법이 자유롭고 쉬운 것이 좋다. 주로 다양한 관찰 도구와 측정 도구를 제공해 탐색 자료를 다양한 방법으로 탐색하도록 지원하는 것이 적절하며, 종이와 그리기 도구를 제공하여 탐색 결과를 그림으로 표현해 보게 하는 것도 좋다.

제7장

일화기록 관찰법

이 장은 영아 행동 관찰에 중점을 두어, 관찰법 중 현장에서 가장 많이 활용하는 일화기록 관찰법의 의미와 방법을 이해하도록 함으로써 영아 관찰 능력을 기르는 것을 목표로 한다.

1. 관찰의 개념과 목적
2. 일화기록 관찰 방법
3. 일화기록 작성 예시

1. 관찰의 개념과 목적

관찰은 양질의 영아교육 실현을 위해 매우 중요한 교사 역할의 하나라고 할 수 있다. 즉, 관찰을 통해 교사는 영아가 위험 상황에 놓였는지, 아프지 않은지 파악할 수 있어 영아를 안전하게 보호할 수 있다. 그리고 영아의 발달 상태를 파악하고, 또래 및 발달규준과 그 수준을 비교할 수 있다. 또한, 관찰을 통해 영아가 보이는 흥미를 파악함으로써 영아 발달과 흥미에 적합한 교육을 계획하고 실천할 수 있다. 그리고 영아 행동의 원인을 파악할 수 있어 문제행동을 보인 영아를 효과적으로 지도할 수 있다. 따라서 영아 교사는 관찰로 수집된 자료를 분석하여 개별화된 교육을 계획하고 실천할 수 있어야 하며, 실질적 부모상담을 통해 효과적 가정연계교육이 이루어지도록 해야 한다.

특히, 영아 교사에게 관찰 능력이 중요한 이유는 영아가 자신의 위험 상황을 알아차리기 힘들고, 아픔을 인지하여 도움을 호소하는 데 제약이 있기 때문이다. 또한 자신의 흥미나 문제행동의 원인에 대해 생각을 논리적으로 말할 수 있는 언어 능력이 아직 발달하지 않았고, 집중시간이 짧아 발달수준을 점검할 수 있는 표준화된 검사를 실시하기 어려우며, 검사라는 인위적 상황에 대한 정서적 부담과 스트레스로 인해 검사 결과를 신뢰하기가 어렵기 때문이다. 따라서 영아 교사는 양질의 교육을 수행하기 위해서 관찰 능력을 기르는 것이 매우 중요하다고 할 수 있다.

영아 교사의 관찰 목적을 구체적으로 살펴보면 다음과 같다.

- 영아를 안전하게 보호할 수 있다.
- 영아의 현재 발달 상태를 파악할 수 있다.
- 영아의 흥미를 파악할 수 있다.

- 영아 행동의 원인을 파악할 수 있다.
- 또래 및 규준과 발달수준을 비교할 수 있다.
- 개별화된 교육을 계획할 수 있다.
- 실질적 부모상담을 통해 효과적 가정연계교육을 수행할 수 있다.

2. 일화기록 관찰 방법

관찰법의 종류에는 일화기록, 표본식 기록, 시간표집법, 사건표집법, 평정척도법, 행동목록법, 포트폴리오 등이 있으나 현장에서 가장 많이 사용하고, 실습 시 수행하게 되는 일화기록에 대해 구체적으로 살펴보면 다음과 같다.

1) 개념

일화기록은 영아가 보이는 행동이나 사건을 기록하는 것으로 영아의 언어적 · 행동적 표현을 구체적으로 기록하는 것을 의미한다. 따라서 일화기록을 위해서는 작은 노트와 필기도구가 필요하며, 녹음을 할 수 있는 녹음기도 앞치마에 넣어 소지하고 다니다가 필요에 따라 수시로 사용할 수 있다.

2) 관찰 절차

효과적 일화기록 관찰을 위한 관찰 절차는 다음과 같다.

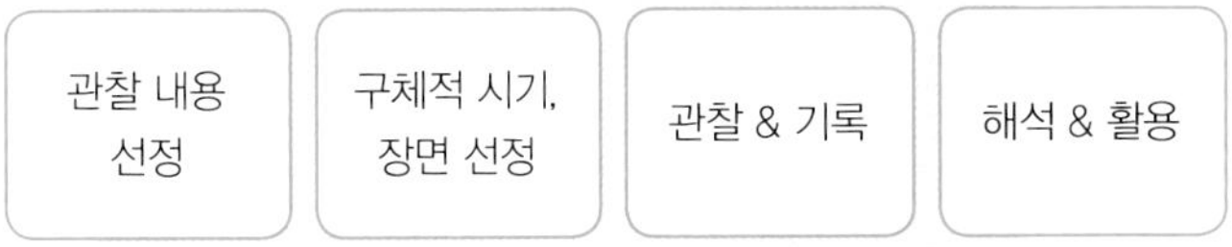

[그림 7-1] **일화기록 관찰 절차**

(1) 관찰 내용 선정

일화기록 관찰을 하고자 할 때는 관찰 내용을 먼저 선정하는 것이 필요하다. 관찰 내용은 활동 유형, 특정 영아, 특정 영역에서의 놀이 등으로 구분할 수 있다. 활동 유형의 경우에는 일상활동, 놀이활동에 따라 주요 관찰 내용이 달라질 수 있다.

① 놀이활동

놀이활동 시에는 주로 활동에 대한 영아의 흥미 여부를 파악할 수 있고, 인지 발달과 관련하여 주의집중 능력과 활동 이해 및 해결 능력, 언어 능력과 관련하여 듣기, 말하기 능력을 주로 파악할 수 있다. 또한 사회정서 발달과 관련하여 사회적 규칙 지키기 능력을 파악할 수 있고, 신체 발달과 관련하여 앉은 자세와 대·소근육 발달 등을 파악할 수 있다.

② 일상활동

일상활동 시에는 영아의 신체조절 능력이나 정서 상태를 파악할 수 있으며, 자신의 욕구나 기분을 파악하는 의사소통 능력 및 언어 발달 정도를 파악할 수 있다.

(2) 구체적 시기, 장면 선정

관찰 내용을 선정하고 난 후, 일과 운영에 방해가 되지 않는 범위에서 관찰과 기록을 위한 구체적 시기와 장면을 선정하여 실시할 수 있다. 예를 들어, 안전보호가 우선이 되어야 하는 실외놀이 시간에는 일화기록보다는 교사를 보조하는 것이 필요하며, 실내놀이활동 시간에도 영아가 아직 활동에 집중하지 못한 경우에는 일화기록을 위한 노트와 펜이 영아의 흥미 요소가 될 수 있으므로 활동에 집중할 때까지 기다렸다가 조용히 꺼내어 시작하는 것이 좋다.

(3) 관찰 & 기록

일화기록은 관찰과 동시에 기록을 하는 것으로 관찰은 약 5분 정도 하며, 기록하는 방법은 일정한 형식이 없고, 서술식으로 다음을 유의하여 기록한다.

- 관찰하는 행동/사건에 대해 가급적 육하원칙에 따라 기술
- 현재형으로 기록
- 영아가 한 말은 직접화법으로 그대로 기술
- 핵심 단어를 사용하여 객관적 사실만을 간단히 기록
- 일과가 끝난 후 가급적 빨리 기록을 완성하기

기록을 할 때는 개인적 의견이나 편견이 포함되지 않도록 기록해야 한다.

(4) 해석 & 활용

기록을 해석하여 활용하고자 할 때에는 영아의 발달 상태, 흥미를 중심으로 파악하며, 가치 판단을 하지 않고, 영아의 전인 발달을 위한 목적으로 활용하는 것이 좋다. 또한, 행동 원인을 파악한 경우, 계속적 관찰을 통해

원인과 행동이 반복되는지 관찰해야 하며, 반복되는 경우 적절한 지도 방법을 찾으려고 노력하는 것이 좋다.

기록한 것을 바탕으로 개별화된 교육계획을 할 수 있으며, 가정의 부모와 효과적 상담을 실시할 수 있다.

3) 장점과 단점

일화기록의 장점은 사건이나 행동에 대해 집중적으로 관찰하고 서술식으로 기록하므로 다른 관찰 방법(예: 평정척도법 등)에 비해 영아를 포괄적으로 이해할 수 있다. 또한 관찰 체크리스트 등을 먼저 제작하지 않고, 단순히 필기도구만 있으면 되므로 손쉽게 활용할 수 있다. 그리고 반복적으로 기록을 수집하여 종합하면 영아를 이해하는 데 매우 중요한 자료가 될 수 있다.

일화기록의 단점은 핵심 단어를 중심으로 기록한 후 추후 기록을 완성하기 때문에 시간이 많이 지난 경우, 관찰자의 편견이 포함될 소지가 있으며, 서술식으로 기록해야 하므로 관찰에 부담이 있다. 또한 전체 일과를 기록하는 것이 아니므로 영아를 해석할 때 오류를 범할 가능성이 있다. 따라서 이러한 단점을 보완하기 위해 포트폴리오 등의 다른 관찰법을 함께 활용하여 종합적으로 해석하는 것이 좋다.

3. 일화기록 작성 예시

일화기록 작성 양식과 예시는 다음과 같다.

표 7-1 일화기록 작성 양식과 예시

관찰 대상	○○○(만 1세)	생년월일	○○○○.○○.○○. (㊚남, 여)
관찰 일시	20○○년 ○월 ○일 (10시~10시 05분)	관찰 장소	실내 감각 · 탐색놀이영역
관찰 상황	실내자유놀이시간의 감각 · 탐색놀이영역에서 놀이 상황		
관찰 기록	○○가 감각 · 탐색놀이영역 의자에 앉지 않고 영역 주변을 돌면서 돌아다님. 색종이 하나를 한 손에 들고 다니면서 흔들고 다님. 색종이 모서리 부분을 오른손의 엄지와 검지로만 잡고 다님. 종이 흔드는 세기를 달리해 가며 쉬지 않고 흔들고 다님.		
해석	○○가 종이를 흔들어 생기는 감각적 특성을 탐색하는 것으로 판단할 수 있음. 과학활동으로 다양한 재질의 종이를 준비해 주고, 종이를 다양하게 변화시켜 가면서 생기는 다양한 감각적 특성을 더욱 탐색해 보도록 도울 수 있음.		

제8장

교재교구 제작 및 활용

이 장은 주로 영아를 위한 교재교구 제작과 활용 원리 및 유의점에 대해 이해하도록 함으로써 영아 대상 양질의 교육 운영을 위한 교재교구 제작 및 활용 능력을 기르는 것을 목표로 한다.

1. 개념 및 필요성
2. 제작 및 활용 원리
3. 제작 및 활용 시 유의점

1. 개념 및 필요성

1) 개념

사전적 정의에 따르면, 교재는 학문이나 기예 따위를 가르치거나 배우는 데 필요한 재료를 의미하고, 교구는 학습을 구체화 · 직관화하고 효과적으로 지도하기 위해 사용되는 도구를 말한다(표준국어대사전, 2018).

교육과학기술부(2014)의 정의에 따르면, 교재는 주로 교수하는 데 필요한 재료로 교사의 수업보조 자료를 의미하며, 교구는 영아가 학습한 것을 놀이를 통해 스스로 구체화하고, 이해하도록 돕기 위해 활용되는 구체물을 의미한다. 그러나 대체로 교재와 교구를 구분하여 사용하기보다는 교재교구를 혼용하여 사용하는 것이 일반적이다.

2) 필요성

교재교구는 다음의 영아 인지 발달 특성으로 인해 효과적 교육을 위해서 매우 필요하다.

첫째, 영아는 인지 발달 측면에서 스스로 목표 설정을 하여 주의집중을 하기보다는 활동의 흥미 요소에 기초하여 주의집중을 하고, 유지하므로(양수영, 2012, 2013b) 흥미로운 교재교구는 양질의 교육을 위해 매우 중요하다.

둘째, 영아는 인지 발달 측면에서 소극적 자세로 단순히 보여지는 시청각적 자극을 뇌에서 스스로 조직하고, 이해하는 것이 추상적이기 때문에 매우 어려우므로(양수영, 2012, 2013b) 영아의 오감각을 활용한 조작적 경험을 가능하게 하는 교재교구를 통해 학습에 대한 적극적인 참여를 이끌어 냄으로써 효과적 이해가 가능하도록 도울 수 있다.

위와 같은 이유로 영아교육에서 교재교구는 매우 중요하다고 할 수 있다.

2. 제작 및 활용 원리

교재교구를 제작 및 활용할 때는 다음을 고려해야 한다.

1) 영아의 발달 적합성

신체 발달과 관련하여 영아는 소근육 발달이 아직 미숙하므로 교재교구의 재료가 다루기 쉬운 재료로 두께감이 있고, 가볍고, 튼튼한 것이 좋다. 따라서 얇은 종이를 코팅한 것보다는 두께감이 있고, 폭신폭신한 EVA가 적절하며, 부직포(펠트지)도 적절하다.

교재교구의 크기는 영아가 가지고 이동하고, 교구장에 보관하기 적절한 크기가 좋다. 활용 방법은 영아가 동적 움직임을 가지고 활용하도록 하는 것이 좋으며, 정적으로 앉은 상태에서 활용하는 경우에는 융판에 계속 붙여 놓는 식으로 오랜 시간 보여 주기보다는 교재교구가 필요할 때마다 필요한 자료만 꺼내 적절하게 보여 주는 방식이 활동 전체에 흥미를 갖도록 할 수 있다.

언어 발달과 관련하여 영아는 아직 글자를 읽는 것이 미숙하므로 실물, 사진 혹은 그림 자료를 선정하여 활용하는 것이 적절하다. 하지만 풍부한 문해 환경을 제공하는 목적으로 실물, 사진, 그림 자료와 함께 관련된 단어의 글자를 제시하여 중요 단어를 시각적으로 경험하도록 하는 것도 좋다.

사회정서 발달과 관련하여서는 소유욕이 강하기 때문에 보여 주는 활동 자료를 활동과 관련 없이 가지려고 할 수 있으므로 정적으로 앉은 상태에서 교재교구를 활용하는 경우에는 융판에 계속 붙여 놓는 식으로 오랜 시간 보여 주기보다는 필요한 자료를 필요할 때만 보여 주고, 떼어내는 방식이 교재교구를 소유하려고 하는 욕구를 자제시키고, 활동에 집중하도록 도울 수 있다.

인지 발달과 관련하여서는 오감각적 경험의 구체적 경험을 통해 인지적 학습이 가능하므로 다음의 학습경험의 방향성 원리에 따라 교재교구를 제작하고, 활용해야 한다.

2) 학습경험의 방향성

(1) Hoban과 Zisman(1937)의 지적 경험 일반화

구체적인 경험을 시작으로 추상적인 경험으로 나아가도록 제작하고 활용해야 한다. 예를 들어, 다양한 동물 사진을 먼저 경험한 후, 동물 그림자 혹은 명칭 카드와 매칭하도록 할 수 있다.

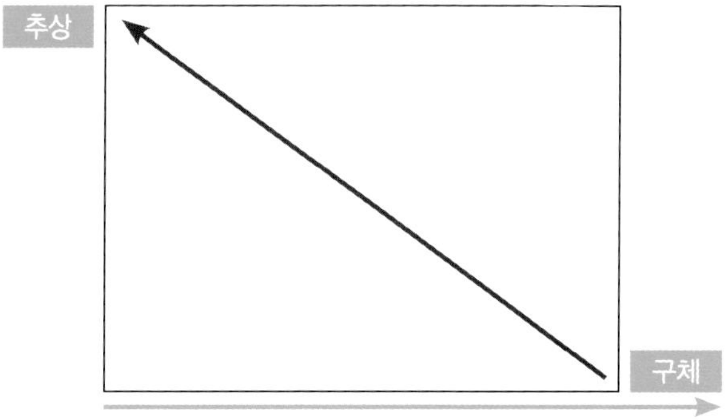

[그림 8-1] **Hoban과 Zisman(1937)의 지적 경험 일반화**

(2) Dale(1969)의 경험의 원추

학습자가 직접 참여하는 행동적 경험에서 수동적으로 관찰하는 시청각적 경험으로, 그리고 상징적 사고를 하는 상징적 경험으로 나아가도록 제작하고 활용해야 한다.

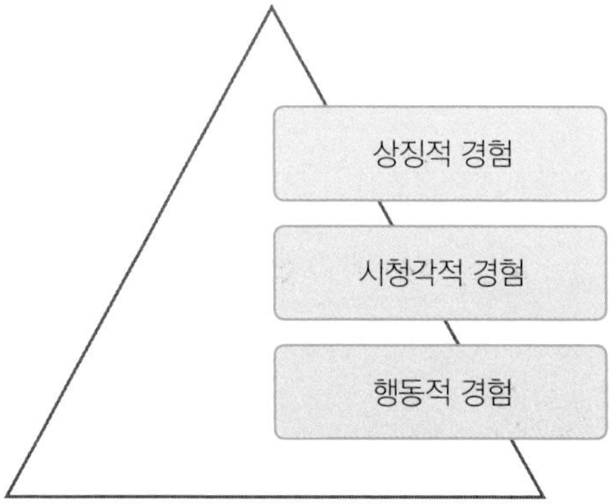

[그림 8-2] **Dale(1969) 경험의 원추**

예를 들어, 동물원 견학을 한 후, 동물에 대한 사진이나 그림 자료를 보고, 그다음으로 동물의 그림자나 명칭 카드, 동물의 울음소리 등과 매칭하도록 할 수 있다.

(3) Finn(1964)의 검은 상자 모형

교재교구의 활용이 상황(학생 간, 교사-학생 간 상호작용 포함)에 따라서 그 효율성이 달라질 수 있다고 보았다. 따라서 교재교구를 활용한 교수 · 학습과정을 검은 상자에 비유하였다. 학생 간, 교사-학생 간의 상호작용과 개별 학습과정을 포함하였다는 데 의의가 있다. 따라서 교재교구를 제작하고 활용함에 있어서 교사와의 상호작용, 학생 간 상호작용, 개별 사고과정을 고려해야 한다.

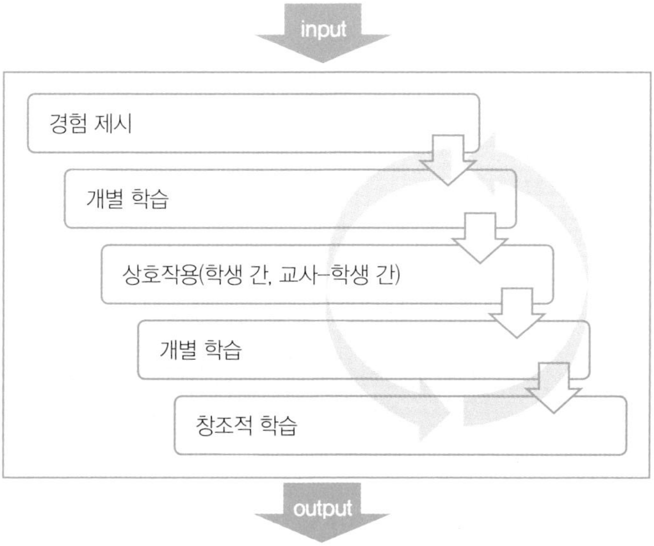

[그림 8-3] **Finn(1964)의 검은 상자 모형**

3. 제작 및 활용 시 유의점

1) 제작 시 유의점

(1) 활동보조 매체로서의 교재교구 제작 시 유의점

활동의 보조 매체로서 활용할 교재교구를 제작할 때 유의점은 다음과 같다.

- 놀이주제(주제, 소주제)와 학습목표에 적절한지 유의해야 한다.
- 영아의 주의집중을 위해 매력적으로 제작해야 한다.
  - 크기가 너무 작은 경우는 집중을 유도하기 어렵다.
- 영아의 탐색 욕구를 고려해야 한다.
  - 영아가 만져도 안전하고, 견고해야 한다.

–가능한 오감각 탐색이 가능하도록 고려하는 것이 좋다.

- 영아가 활동 중 활용 가능하도록 제작해야 한다.
  –영아가 다루기 쉽도록 가벼워야 한다.
  –영아가 활동하기에 안전하도록 제작해야 한다.
- 앞서 학습한 영아의 발달 적합성과 학습경험의 방향성을 적절히 고려해야 한다.

활동보조 매체로서의 교재교구 예와 적절성 평가

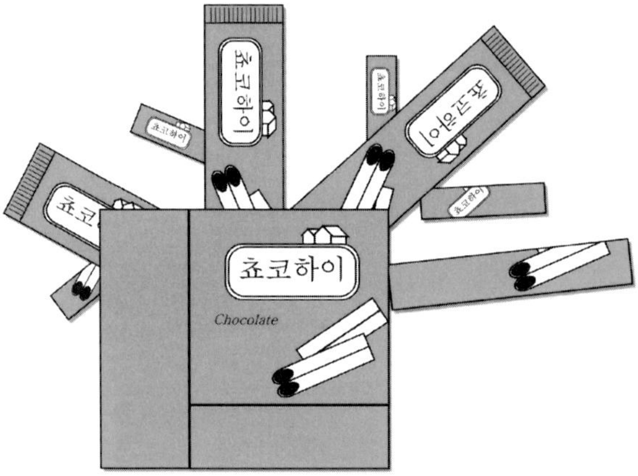

- 놀이주제: 알록달록 가을이에요.
- 소주제: 가을 나무
- 활동 유형: 실내놀이(미술활동)
- 대상 연령: 만 2세
- 교재교구 제작 방법: 8절 도화지에 환경 인쇄물을 잘라 나무줄기와 가지 모양으로 붙임
- 교재교구 활용 방법: 도입과 전개 부분에 보여 주고, 가을 나무를 어떻게 꾸며 주고 싶은지 이야기 나눈 후, 영아가 그리기 재료로 나뭇잎을 꾸미며 표현함

* 활동보조 매체로서의 교재교구가 적절한지 평가해 보세요.

(2) 놀잇감으로서의 교재교구 제작 시 유의점

- 놀이주제(주제, 소주제)에 적절한지 유의해야 한다.
- 교재교구가 제공될 놀이영역의 특성에 적절한지 유의해야 한다.
- 교재교구를 가지고 놀이할 영아의 발달에 적절한지 유의해야 한다.
  - 동일 연령이더라도 개인차를 고려하여 난이도 조절이 가능하도록 제작해야 한다.
- 다양한 감각경험이 가능하도록 여러 가지 재료를 활용해서 제작해야 한다.
- 영아의 심미감 발달을 고려하여 제작해야 한다.
- 영아의 성취감을 고려하여 제작해야 한다.
- 개별/협동놀이가 가능하도록 제작해야 한다.
- 정리가 용이하고 분실 우려가 없도록 정리 바구니나 정리 상자 등을 함께 제공해야 한다.
- 보관이 용이하도록 크기가 적절해야 한다.
  - 보관을 위한 공간 절약이 가능하도록 크기를 고려해야 한다.
- 영아가 가지고 놀이하는 것이므로 견고하게 제작해야 한다. 이를 위해 튼튼한 폐품을 활용하는 것도 도움이 된다.
- 영아가 가지고 놀이하는 것이므로 안전하게 제작해야 한다. 모서리가 날카롭지 않은지, 뾰족한 부분은 없는지, 유해한 재료는 아닌지 등 확인해 보아야 한다.
- 앞서 학습한 영아의 발달 적합성과 학습경험의 방향성을 적절히 고려해야 한다.

실내놀이영역별 교재교구 특성

영아반은 연령에 따라 구성하는 영역이 다르다. 즉, 만 0세는 신체, 언어, 감각·탐색영역, 만 1세는 역할·쌓기영역이 추가되고, 만 2세는 미술, 음률영역이 추가된다. 실내놀이영역별 교재교구의 특성은 다음과 같다.

• 신체영역
– 영아가 대소근육 발달, 창의성, 과학적 탐구 능력을 즐기도록 자료 제공
– 다양한 신체 움직임이 가능한 교구, 신체로 다양한 모방이 가능한 교재교구
예 실내놀이기구, 공, 훌라후프, 동물의 움직임 사진, 교사의 다양한 동작 사진, 사물의 움직임 사진 등

• 감각·탐색영역
– 영아가 오감각을 사용하여 탐색하고, 조작할 수 있는 자료 제공
– 다양한 재질, 모양, 크기, 색깔, 소리, 냄새를 지닌 교재교구
예 모빌, 딸랑이, 오뚝이, 봉제인형, 소리 나는 장난감, 질감이 다른 인형, 모양 퍼즐, 마라카스 등

• 언어영역
– 영아가 듣기와 말하기를 즐길 수 있는 자료 제공
– 책은 영아가 놀이하기에 안전하도록 가벼운 헝겊 책 등으로 제공
예 동물 및 사물 등의 이름 책이나 카드, 손인형, 안락한 의자와 쿠션, 동화 듣기 CD 등

• 역할영역
– 영아가 상상놀이를 즐기도록 자료 제공
– 일상생활과 관련된 소꿉놀이 등이 가능한 교재교구
예 모형 음식들, 여러 의상, 전화기, 핸드백, 넥타이 등

• 쌓기영역
– 영아가 대소근육 발달, 수학적 개념(모양, 크기, 균형, 공간 등)을 즐기도록 자료 제공
– 블록은 영아가 놀이하기에 안전하도록 가볍고, 안전한 것으로 제공
예 종이 블록, 스펀지 블록, 소형 자동차, 동물 모형 등

• 미술영역
– 영아가 대소근육 발달, 예술적 탐색, 표현과 심미감 등을 즐기도록 자료 제공
– 영아는 소근육 발달이 미성숙하고, 끼적거리기 단계이므로 이를 배려하여 자료 제공
예 다양한 종이류, 크레파스, 색연필, 붓 등

- 음률영역
  - 영아가 대소근육 발달, 예술적 탐색, 표현과 심미감 등을 즐기도록 자료 제공
  - 악기는 영아가 소근육 발달이 미성숙하므로 이를 배려하여 리듬악기를 제공
    예 탬버린, 마라카스, 트라이앵글, 캐스터네츠, 북, 노래 CD 등

놀잇감으로서의 교재교구 예와 적절성 평가

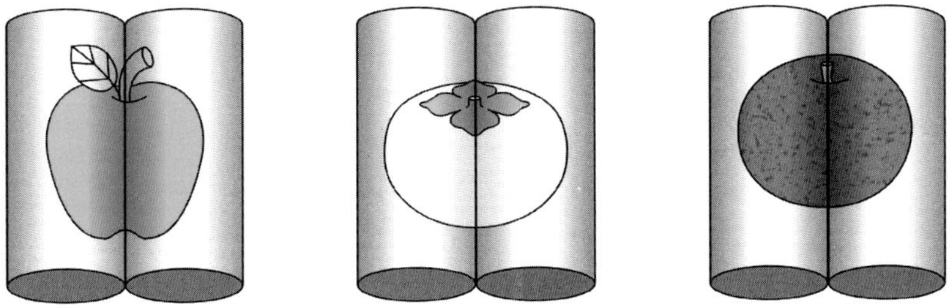

- 놀이주제: 알록달록 가을이에요.
- 소주제: 가을 과일
- 제공되는 놀이영역: 언어영역
- 대상 연령: 만 2세
- 교재교구 제작 방법: 먼저 과일 그림을 모양대로 오리고 2분할함. 휴지 심에 색도화지를 붙이고, 그 위에 분할한 과일 그림을 각각 붙인 후, 시트지를 씌움. 완성된 휴지 심 옆에 벨크로테이프를 붙여 나머지 과일 그림 조각의 휴지 심과 붙여지도록 함
- 교재교구 활용 방법: 영아가 과일 반쪽 그림을 보고, 나머지 반쪽을 찾아 붙인 후, 무슨 과일인지 말해 보는 놀이

* 놀잇감으로서의 교재교구가 적절한지 평가해 보세요.

2) 활용 시 유의점

(1) 활동보조 매체로서의 교재교구 활용 시 유의점

활동을 위한 보조 매체로서의 교재교구를 효과적으로 활용하기 위한 유의점은 다음과 같다.

- 활동의 목표에 맞게 적절하게 활용할 수 있어야 한다.
- 영아의 주의집중 시간이 짧으므로, 교재교구를 보여 주면서 설명이 길지 않아야 한다.
- 영아의 소유 욕구가 강하므로 활동에 필요한 자료만 꺼내 제시해야 한다.
- 제시한 자료는 영아가 직접 활동에 사용하도록 해야 한다.

(2) 놀잇감으로서의 교재교구 활용 시 유의점

놀잇감로서의 교재교구를 효과적으로 활용하기 위한 유의점은 다음과 같다.

- 교사가 함께 놀이하며, 놀이 방법과 규칙을 이해하도록 도와야 한다.
- 놀잇감을 활용한 놀이를 통해 자신감과 성취감을 갖도록 도와야 한다.
- 개별놀이/협동놀이를 할 수 있도록 놀이 상황을 관찰하며 사회성 증진을 도와야 한다.
- 교사가 정리정돈을 영아와 함께 하면서 정리정돈 방법을 이해하고, 정리정돈의 필요성을 느끼도록 해야 한다.
- 일과가 끝난 후, 정리정돈 상태를 점검하고 보수가 필요한 곳은 없는지 분실된 것은 없는지 확인하고 관리해야 한다.

제9장

실습 평가

이 장은 실습 전 실습 평가 기준을 이해하여 실습에 대비하고, 성공적으로 실습을 마칠 수 있도록 돕고자 하며, 또한 실습 후 실습 경험에 대해 스스로 평가해 보도록 함으로써 자기 성찰의 시간을 갖고, 교사로서의 전문성 향상을 목표로 한다.

1. 실습 평가 기준
2. 객관적 자기 평가
3. 반성적 평가

1. 실습 평가 기준

한국보육진흥원(2020a)에서 제시한 실습생에 대한 평가 영역과 구체적 평가 항목은 다음과 같다.

표 9-1 보육실습 평가 기준

평가 영역	배점	세부 배점	평가 내용
근무태도와 자질	20	5	근무사항(출석, 결석, 지각, 조퇴 등)
		5	태도(성실성, 근면성, 친절, 적극성, 복장 및 용모, 예절)
		5	자질(영아 존중, 책임감, 인성, 열의)
		5	관계 형성(실습 지도교사와의 관계, 동료 실습생과의 관계)
보육활동 계획과 실행	30	15	보육활동 계획(계획의 적합성과 충실한 준비)
		15	보육활동 실행(효과적이고 적절한 실행 정도)
예비 보육교사로서의 역할 수행	30	5	영아 행동 및 놀이 관찰, 보육환경 관찰
		10	보육일과 진행 보조 및 일상생활 지도
		15	영아 상호작용과 놀이 참여
보육실습일지 작성	10	10	구체적이고 충실한 보육실습일지 작성과 일일자기평가 및 지도교사 평가 반영
총평	10	10	실습 기간 동안 예비 보육교사로서 향상된 정도
총 실습 점수	100		

※ 평가 내용과 배점은 기관과 대학에 따라 변동이 가능함.

2. 객관적 자기 평가

실습 후 다음의 평가 척도를 가지고 객관적으로 자신의 실습 경험을 평가해 볼 수 있다.

표 9-2 실습에 대한 객관적 자기 평가

번호	평가 항목	못함 ——→				잘함
1	놀이 중심 보육목표를 달성할 수 있는 보육내용을 영유아의 흥미, 수준에 근거하여 적합하게 선정하였는가?	1	2	3	4	5
2	영유아의 흥미와 능력, 사전 놀이 경험을 잘 관찰하여 영유아 지도 계획에 활용하였는가?					
3	놀이에 기초한 보육활동이 적절하게 계획되고 성실하게 준비되어 실행에 무리가 없었는가?					
4	놀이에 기초한 보육활동 계획에 따라 자료를 충실히 준비하였는가?					
5	영유아의 행동을 민감하게 파악하며 상호작용에 최선을 다했는가?					
6	다양한 흥미영역에 고루 참여하여 영유아의 놀이가 지속되고, 확장되도록 놀이를 촉진하였는가?					
7	영유아의 기본생활습관이 형성되도록 동기를 잘 유발하였는가?					
8	놀이활동 시 교사로서 다양한 교수법을 활용하여 효과적으로 활동을 이끌었는가?					
9	영유아의 부정적 정서나 갈등 상황을 잘 파악하여 긍정적으로 수용하고 적절하게 해결되도록 지도하였는가?					
10	영유아의 개별적 특성, 개인차를 고려하여 지도하였는가?					
11	영유아를 존중하는 언어를 사용하고, 영유가가 잘 알아들을 수 있도록 어휘, 발음, 음성의 고저, 빠르기 등에 노력을 기울였는가?					

12	관찰기록지 및 실습일지의 내용과 평가 등을 성실히 기록하였는가?					
13	영유아의 안전, 위생, 건강에 각별히 신경을 썼는가?					
14	영유아의 낮잠, 간식, 점심, 배변활동, 이 닦기, 손 닦기, 옷 입기 등 일상생활을 영유아 스스로 즐겁게 할 수 있도록 지도하였는가?					
15	통풍, 채광, 정리정돈 등 청결한 실내환경을 위해 노력하였는가?					
16	실습기관의 지도 방침에 적극 협력하였는가?					
17	실습 지도교사와의 관계를 원만히 유지하며 성실히 임했는가?					
18	실습 동료들과 잘 협력하였는가?					
19	영유아의 놀이를 평가하고 놀이 지원활동을 계획하고 적절히 운영하고자 관련 문헌이나 전문서적을 찾아보고 노력하였는가?					
20	실습을 통해 교사로서의 전문성이 스스로 향상되었다고 여겨지는가?					
합계						

3. 반성적 평가

반성적 평가를 위해서는 실습 동안 매일 일과 후 저널 쓰기를 통해 자신이 경험했던 것을 회상해 보고 정리하고, 스스로 평가 및 반성해 볼 수 있다. 박은혜, 이은화(1998), Yayli(2009)는 보육실습의 과정이 반성적 사고를 함으로써 교사로서의 전문성을 증진할 수 있는 매우 좋은 기회가 된다고 주장하였다. 즉, 보육실습 동안의 반성적 저널 쓰기 효과는 실습생으로 하여금 대학에서 배운 이론을 현장의 실제 경험과 연결하도록 도우며, 이를 통해 실천적 지식을 형성하도록 돕는 것이다.

실천적 지식이란, 좋은 교사의 자질로서 강조되는 것 중 하나이며, 자신이 이론과 실제에 적합하게 재구성한 지식을 의미한다(양수영, 2013a). 따라서 실천적 지식을 형성한 교사는 자신의 가치관에 따라 현장에서 양질의 교육을 실천할 수 있다.

양수영(2013a)은 Elbaz(1983)의 실천적 지식 구성의 세 가지 측면을 고려하여 반성적 저널 쓰기 활동을 제안하였다.

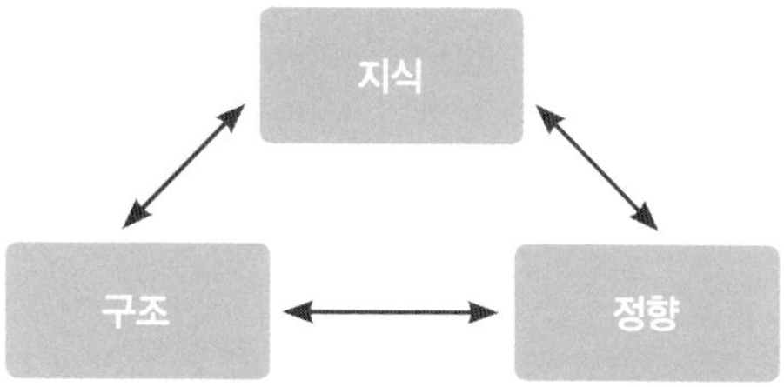

[그림 9-1] **반성적 저널 쓰기를 위한 세 가지 측면**

첫째, 지식은 대학에서 배운 지식을 일컫는다.

둘째, 정향은 대학에서 배운 지식을 실제 현장에서 적용되고 인식된 것을 일컫는다. 이는 실습생마다 개인의 특성, 경험, 이해 정도에 따라 다를 수 있다.

셋째, 구조는 지식과 정향을 토대로 한 것에 대해 스스로 평가하고 반성해 보는 것이다.

반성적 저널 쓰기를 위한 특별한 형식은 없으며, 자연스럽게 일기 쓰듯이 쓸 수 있다. 또한, 저널 쓰기의 주제(예: 자유놀이 지도, 영아와의 상호작용 등)를 정하여 구조화된 저널 쓰기를 할 수도 있다.

부록

1. 실습일지 예시
2. 실습 관련 양식

1. 실습일지 예시

다음은 한국보육진흥원(2013)에서 제시한 실습일지 예시이다. 이를 참고하여 작성할 수 있겠다.

보육실습일지	결재	실습생	지도교사	원장
		印	印	印

반명	만 1세 ○○반	일시	○○○○년 ○월 ○일 ○○요일
날씨	흐린 후 맑음	결석 영아	김○○(감기), 박○○(여행)
놀이주제	더워요	소주제	여행 가는 놀이를 해요

시간 및 일과	**활동계획 및 실행**	**평가 및 유의점**
~9:00 등원 및 맞이하기	* 부모와 교사가 반갑게 인사하기 –교사가 부모에게 인사하는 모습을 영아에게 보여 주며 영아와도 함께 인사 나누기 –투약 의뢰서 유무를 확인 * 혼자서 양말을 벗어요 –교사는 영아가 혼자 양말을 벗어 볼 것을 제안한 뒤 쉽게 벗을 수 있도록 양말 끝을 잡아 줌 –스스로 시도하고 벗을 것에 대하여 "○○가 혼자 벗었구나."라고 격려한 뒤 서랍장에 넣는 것도 혼자 넣도록 교사가 제안함	교사가 영아 스스로 해 볼 수 있도록 충분히 기다려 주거나 최소한의 도움을 주며 영아가 성취감을 느낄 수 있도록 배려함
9:00~9:20 오전 간식	* 손 씻기 및 오전 간식(롤케이크, 우유) –소독비누로 거품을 내서 씻도록 하고 물로 씻을 때 비누가 남지 않도록 도와주기 * 즐겁게 먹어요 –간식을 먹으며 영아에게 등원하면서 경험한 것, 가정에서의 일상을 물어보며 관심 갖기 –간식을 먹으며 영아의 이름을 개별로 불러주고 눈을 마주치며 '선생님은 ○○를 사랑해' 노래를 불러 줌	준비된 간식을 스스로 먹고 정리할 수 있도록 도움

9:20~10:20 오전 실내자유놀이	* 신체영역: 둥근 고리 끼우기 놀이해요 –둥근 고리를 놀잇감에 끼워 보거나 손목에 끼우고 흔들어 봄 * 언어영역: 울퉁불퉁 종이에 끼적여요 –다양한 질감의 종이에 부드럽고 무독성의 영아용 크레파스로 끼적거리기를 함 * 역할 · 쌓기영역: 밀가루 반죽에 빨대를 꽂아요 –밀가루 반죽을 소꿉 그릇에 담아 보기, 반죽을 모형 소꿉칼로 칼집을 내서 만져 보거나 손으로 두드리기, 손가락으로 찔러 보기 등의 다양한 방법으로 촉감을 느끼도록 함 –반죽에 빨대를 꽂고 생일 초처럼 불어 보거나 생일축하 노래를 부르는 놀이를 함	둥근 고리를 놀잇감에 끼우는 것보다 영아들의 손목에 끼우는 것에 더 재미를 나타냄 여러 질감의 종이 중 큰 벽지에 끼적거리기를 하는 것을 가장 선호함 월령이 낮은 영아가 빨대를 꽂을 때 빨대가 잘 안 꽂혀지자 교사가 함께 꽂으며 도움을 줌
10:20~10:35 정리정돈 및 배변	* 정리정돈 –교사가 영역별, 영아 개별로 곧 정리할 것임을 알려 주고 노래를 부르며 정리를 시작함 –정리 중에 뛰어다니는 영아들이 있어 부딪히지 않도록 함께 손을 잡고 '장난감 집 찾아주기' 놀이를 하며 영역을 둘러봄 * 친구들도 기저귀가 있어요 –기저귀 갈이를 하기 전에 자신의 기저귀를 보면서 또래들의 기저귀를 함께 보도록 함. 기저귀를 보는 것에 익숙한 영아들은 교사가 기저귀를 갈기 위해 또래들의 이름을 부를 때마다 그 영아의 사진과 이름이 붙은 개별 장을 가리키기도 함 * 영아용 변기에서 소변 보기 –월령이 높은 영아들 중 팬티형 기저귀를 입는 영아들은 영아용 변기에 앉아서 소변을 보도록 시도해 봄	교사는 영아용 변기에 앉는 것을 거부하는 영아에 대해 수용하며 다른 영아가 변기에 앉아 있는 것을 바라볼 수 있도록 함 교사는 변기에 앉기를 시도하는 영아에게 미소 짓기와 긍정적인 언어로 격려해 주면서 변기에 앉는 두려움이 감소되도록 지원함
10:35~11:30 실외놀이	* 실외놀이 • 모래로 놀아요 –체를 준비하여 교사가 모래를 걸러 줄 때 떨어지는 모래를 만져 보기, 걸러진 부드러운 모래 만져 보기 –모래를 다른 친구에게 뿌리지 않도록 안전에 만전을 기함	교사는 모래를 체로 치며 영아들이 관심을 갖도록 유도함. 모래를 만지기 거부하는 영아에게는 충분히 또래 영아들의 놀이를 지켜보면서 작은 통에 담긴 모래를 제시하여 만져 보도록 권유함

11:30~11:45 정리 및 손 씻기	* 정리, 손 씻기 및 이동	모래를 털고 닦는 데 시간이 오래 걸림
11:45~12:15 점심	* 점심(잡곡밥, 콩나물국, 닭양념찜, 깻잎나물, 김치) 영아들이 먹고 싶어 하는 반찬을 먼저 먹고 나물은 먹지 않으려 하자 교사가 양을 줄여 줌	나물을 먹고 싶어 하지 않는 영아들이 많아서 처음에 있던 양보다 덜어 준 후 조금씩 나누어 제공함
12:15~13:00 이 닦기 및 기저귀 갈기	* 이 닦기 및 기저귀 갈이 시 보조교사로 참여하여 도움 –자신의 차례에 교사의 도움을 받아 양치질을 할 수 있도록 보조교사로 참여하여 도움 –세수하고 로션 바르기 –잠옷이나 편안한 곳으로 갈아입고 제한된 영역에서 블록과 책을 통하여 조용한 놀이 즐기기	영아가 이 닦기, 세수하고 로션 바르기를 할 때 도움을 주었으나 혼자 해보겠다고 하는 영아들이 있어 영아 스스로 로션을 바를 수 있도록 손에 로션을 주었고 교사가 도와줌
12:15~15:00 낮잠 준비 및 낮잠	* 내 이불, 내 베개를 찾아요 –영아가 옷을 갈아입는 것까지 낮잠 준비를 모두 마치면 이불을 깔아 주면서 영아 개별의 이름을 불러 줌 –"○○베개는 어디에 있나요?", "이불은 어디에 있을까?" 하고 자신의 이불과 베개를 찾아볼 수 있도록 함	대부분의 영아들이 자신의 베개와 이불을 찾을 수 있었음
15:00~15:30 낮잠 깨기 및 정리정돈/기저귀 갈기	–낮잠에서 깨면 교사가 개별로 다리를 주물러 주거나 기지개를 켜도록 도움 –기저귀를 확인하고 갈아 줌 –교사가 정리 시 자신의 베개를 가져올 수 있는 영아에게 "○○ 베개는 어디에 있나요?", "선생님께 가져 올까요?"라고 물어봄. 가져 온 영아에게는 "도와줘서 고마워요."라고 말함 –옷을 갈아입도록 도와줌	
15:30~16:00 오후 간식	* 손 씻기 및 오후 간식(단호박 범벅)	호박을 먹는 것에 대해 거부감 없이 잘 먹었고 더 달라고 손짓과 말소리로 의사를 표현함

16:00~17:30 오후 실내외 자유놀이	* 오후 실내자유놀이 • 신체영역: 둥근 고리 끼우기 놀이해요 • 언어영역: 울퉁불퉁 종이에 끼적여요 • 감각 · 탐색영역: 누구의 기저귀일까요? • 역할 · 쌓기영역: 밀가루 반죽에 빨대를 꽂아요 * 오후 실외자유놀이 –유희실에서 놀이를 함	교사가 오전에 끼적거리기했던 종이를 바닥에 붙이고 그 위에 투명 비닐을 덮어 게시하자 영아들이 함께 작품을 공유하며 자신들이 한 활동에 대한 만족감을 나타냄
18:00~19:30 귀가 및 가정과의 연계	영아는 통합보육실에 가서 놀이를 하다 부모님이 오시면 통합보육 선생님께 인사를 하고 귀가하기	
실습생 평가	–실외놀이에서 정리 후 실내로 이동할 때 단순히 정리하는 것이 아니라 놀이로 연결하며 활동을 진행함으로써 영아들이 정리와 자신의 신변을 처리하는 것을 즐겁게 참여하였다. 일상적인 하루일과를 진행하면서도 영아의 개별적 발달을 고려하여 관심과 흥미에 적절히 반응하여 기본생활습관 지도로 연결하는 것을 배울 수 있었다. –한 영역에 오래 머물지 못하는 영아의 특성을 고려하여 영역 간 연계할 수 있는 활동이 진행됨으로써 안정적인 교실 운영을 경험하였다.	
지도교사 조언 및 평가	영아에게 하루일과의 흐름을 활동 중심으로 나누어 진행하는 것보다 개별적인 흥미나 발달수준을 고려하여 개별적인 활동으로 진행하는 것이 적절합니다. 따라서 놀이 후 정리도 개별적인 놀이가 끝난 후에 자연스럽게 이루어져야 하며, 영역 간의 구분을 나누어 놀이하기보다 자연스럽게 흥미를 나타내면 놀이의 흐름을 지속하도록 영역 간에 연계가 이루어지도록 계획하는 것이 중요합니다.	

2. 실습 관련 양식

제2장에서 제시한 서류 외 한국보육진흥원(2020a)에 제시된 필요 서류 양식은 다음과 같다.

한국보육진흥원(2020a)에 제시된 양식만 다음과 같이 첨부하였다.

보육실습생 신상 카드

<table>
<tr><td rowspan="2">성명</td><td>한글</td><td>(여, 남)</td><td rowspan="5">(사진)</td></tr>
<tr><td>한자</td><td></td></tr>
<tr><td>주민등록번호</td><td colspan="2"></td></tr>
<tr><td>소속</td><td colspan="2"></td></tr>
<tr><td>집 주소</td><td colspan="2"></td></tr>
<tr><td rowspan="3">학력</td><td colspan="2">. . ~ . .</td><td>고등학교 입학 및 졸업</td></tr>
<tr><td colspan="2">. . ~ . .</td><td></td></tr>
<tr><td colspan="2">. . ~ . .</td><td></td></tr>
<tr><td>보육 관련 이수 교과목(이수 교과목을 모두 적으세요.)</td><td colspan="2">: 총 ( )개 교과목</td><td></td></tr>
<tr><td rowspan="3">비상연락처</td><td colspan="3">집 전화:</td></tr>
<tr><td colspan="3">본인 휴대전화:</td></tr>
<tr><td colspan="3">비상시 연락 휴대전화: (관계:)</td></tr>
<tr><td>e-mail 주소</td><td colspan="3"></td></tr>
<tr><td colspan="4">위의 사항이 틀림없음을 확인합니다.
년 월 일
본인 서명 (인)
원장 귀하</td></tr>
</table>

개인정보 수집 · 이용 동의
보육실습생 관리를 위하여 「개인정보호법」에 따라 개인정보 수집 · 이용에 대한 내용을 알려드리오니 동의하여 주시기 바랍니다. [법률근거] 「개인정보보호법」 제15조 개인정보의 수입 · 이용에 관한 법률 [수집 · 이용 항목] 이름, 주민등록번호, 연락처(전화번호, 휴대전화 번호), 이메일, 주소 [수집 · 이용 목적] 보육실습생 관리를 위한 목적으로 이용되며, 수집한 개인정보는 다른 목적으로 사용되지 않습니다. [이용 및 보유기간] 보육실습이 종료되는 시점에 수집한 개인정보는 폐기됩니다. [동의거부 및 불이익] 위의 개인정보 수집 · 이용에 관한 내용에 동의하지 않는 경우에는 보육실습이 불가합니다. □ 동의함 □ 동의하지 않음 실습생: (인)

보육실습생 서약서

성명:

소속:

상기 본인은 귀 어린이집의 보육실습생으로서 보육실습의 목적과 중요성을 충분히 이해하고 어린이집의 제반 규정을 성실히 준수하여 보육 능력 향상에 최선을 다할 것을 서약합니다.

년 월 일

보육실습생: (인)

○○○어린이집 원장 귀하

보육실습 동의서

학생정보					
성명		학과		학번	
보육실습 기간	20 년 월 일 ~ 20 년 월 일 (6주 240시간 이상)				
집 주소	우편번호)				
개인 연락처			e-mail 주소		

보육실습 기관 정보			
보육실습 기간 명	(정원: 명)	보육실습 기관 원장 명	
기관 주소	우편번호)		
전화번호		팩스	
평가인증 여부	① 예( ), ② 아니요( )		
보육실습 지도교사	이름:	보육교사 1급( ) 유치원정교사 1급( ) ※ 해당 자격에 '○'표 하세요.	

위 학생이 본 기관에서 보육실습을 수행함에 동의합니다.

20 년 월 일

보육실습 기관 원장: (서명 또는 인)

보육실습생 출근부

소속:	학번:	이름: ○○○
보육실습 기관	○○○어린이집 ○세 ○○반	보육실습 지도교사: ○○○
보육실습 기간	20 . . ~ 20 . . (총 주간)	

구분	월	화	수	목	금
보육실습생	㊞	㊞	㊞	㊞	㊞
보육실습 지도교사	㊞	㊞	㊞	㊞	㊞
날짜	월 일 시 분부터 시 분까지	월 일 시 분부터 시 분까지	월 일 시 분부터 시 분까지	월 일 시 분부터 시 분까지	월 일 시 분부터 시 분까지
보육실습생	㊞	㊞	㊞	㊞	㊞
보육실습 지도교사	㊞	㊞	㊞	㊞	㊞
날짜	월 일 시 분부터 시 분까지	월 일 시 분부터 시 분까지	월 일 시 분부터 시 분까지	월 일 시 분부터 시 분까지	월 일 시 분부터 시 분까지
보육실습생	㊞	㊞	㊞	㊞	㊞
보육실습 지도교사	㊞	㊞	㊞	㊞	㊞
날짜	월 일 시 분부터 시 분까지	월 일 시 분부터 시 분까지	월 일 시 분부터 시 분까지	월 일 시 분부터 시 분까지	월 일 시 분부터 시 분까지
보육실습생	㊞	㊞	㊞	㊞	㊞
보육실습 지도교사	㊞	㊞	㊞	㊞	㊞
날짜	월 일 시 분부터 시 분까지	월 일 시 분부터 시 분까지	월 일 시 분부터 시 분까지	월 일 시 분부터 시 분까지	월 일 시 분부터 시 분까지
보육실습생	㊞	㊞	㊞	㊞	㊞
보육실습 지도교사	㊞	㊞	㊞	㊞	㊞
날짜	월 일 시 분부터 시 분까지	월 일 시 분부터 시 분까지	월 일 시 분부터 시 분까지	월 일 시 분부터 시 분까지	월 일 시 분부터 시 분까지
보육실습생	㊞	㊞	㊞	㊞	㊞
보육실습 지도교사	㊞	㊞	㊞	㊞	㊞
날짜	월 일 시 분부터 시 분까지	월 일 시 분부터 시 분까지	월 일 시 분부터 시 분까지	월 일 시 분부터 시 분까지	월 일 시 분부터 시 분까지
보육실습생	㊞	㊞	㊞	㊞	㊞
보육실습 지도교사	㊞	㊞	㊞	㊞	㊞
날짜	월 일 시 분부터 시 분까지	월 일 시 분부터 시 분까지	월 일 시 분부터 시 분까지	월 일 시 분부터 시 분까지	월 일 시 분부터 시 분까지

* 결석 · 지각 · 조퇴는 불가하며, 불가피할 경우 위의 기재된 보육실습 기간 중 법적 이수 기간(240시간)을 채운다.

보육실습일지

<table>
<tr><td colspan="3" rowspan="2">**보육실습일지**</td><td rowspan="2">결재</td><td>실습생</td><td>지도교사</td><td>원장</td></tr>
<tr><td>㊞</td><td>㊞</td><td>㊞</td></tr>
<tr><td>반 명</td><td></td><td>일시</td><td colspan="4">년 월 일
요일</td></tr>
<tr><td>날씨</td><td></td><td>결석 영아</td><td colspan="4"></td></tr>
<tr><td>놀이주제</td><td></td><td>소주제</td><td colspan="4"></td></tr>
<tr><td>시간 및 일과</td><td colspan="2">활동계획 및 실행</td><td colspan="4">평가 및 유의점</td></tr>
<tr><td>~ 9:00
등원 및 맞이하기</td><td colspan="2"></td><td colspan="4"></td></tr>
<tr><td></td><td colspan="2"></td><td colspan="4"></td></tr>
<tr><td></td><td colspan="2"></td><td colspan="4"></td></tr>
<tr><td></td><td colspan="2"></td><td colspan="4"></td></tr>
<tr><td></td><td colspan="2"></td><td colspan="4"></td></tr>
<tr><td>~ 18:00
귀가 및 가정과의 연계</td><td colspan="2"></td><td colspan="4"></td></tr>
<tr><td>실습생 평가</td><td colspan="6"></td></tr>
<tr><td>지도교사 조언 및 평가</td><td colspan="6"></td></tr>
</table>

보육실습평가서

성명:

주민등록번호:

보육실습 기관 명:

보육실습 기간: 20 년 월 일 ~ 20 년 월 일

평가 영역(배점)	평가 항목		배점	점수
근무태도와 자질 (20점)	근무사항	출석, 결석, 지각, 조퇴 등	5	
	태도	성실성, 근면성, 친절, 적극성, 복장 및 용모, 예절	5	
	자질	영아 존중, 책임감, 인성, 열의	5	
	관계 형성	실습 지도교사와의 관계 동료 실습생과의 관계	5	
보육활동 계획과 실행 (30점)	보육활동 계획	영역별, 반일(일일) 보육활동 계획의 적합성과 충실한 준비	15	
	보육활동 실행	영역별, 반일(일일) 보육활동의 효과적이고 적절한 실행 정도	15	
예비 보육교사로서 역할 수행 (30점)	영아 행동 및 놀이 관찰, 보육환경 관찰		5	
	보육일과 진행 보조와 일상생활 지도		10	
	영아 상호작용과 놀이 참여		15	
보육실습일지 작성 (10점)	구체적이고 충실한 보육실습일지 작성과 일일자기평가 및 지도교사 평가 반영		10	
총평(10점)	실습 기간 동안 예비 보육교사로서 향상 정도		10	
총점			100	

20 년 월 일

보육실습 지도교사: (인)

어린이집 원장: (인)

보육실습 확인서

1. 실습 이수자 기본 사항

이름	주민등록번호	양성교육기관 명

2. 실습기관

실습기관 명		실습기관 보육 정원	
기관 종류		최초인가일	
주소			
연락처			

3. 실습 지도교사

이름	자격 종류	자격 번호

4. 실습 기간

실습 기간	년 월 일 ~ 년 월 일(주간)
실습 시간	총 시간(매주 요일 ~ 요일까지, 오전 시 ~ 오후 시)

위 사람은 「영아보육법 시행규칙」 제12조 제1항에 의한 보육실습을 충실히 이수하였음을 확인합니다.

년 월 일

어린이집 원장 (서명 또는 인)

학과장 (서명 또는 인)

첨부서류

* 1. 실습기관 시설인가증 사본 1부

2. 보육실습 지도교사 자격증 사본 1부

※ '어린이집 지원 시스템'을 통하여 보육실습확인서를 출력한 경우 첨부서류를 제출하지 않아도 됨(단, 유치원은 양성교육기관에서 양식 제공)

※ 기관 종류: 어린이집, 교육과정과 방과 후 과정을 운영하는 유치원 중 선택

※ 자격 종류: 보육교사 1급, 유치원 정교사 1급 중 선택

참고문헌

교육과학기술부 (2014). **제3주기 유치원 평가 매뉴얼**. 세종: 교육부.

김경애 (2000). 보육교사의 역할수행에 관한 부모와 교사의 인식비교 연구. 석사학위 논문, 강남대학교 대학원.

김혜윤, 강유진 (2018). 유아교육과 교육실습생의 수업경험에 관한 질적 연구. *Asia-pacific Journal of Multimedia Services Convergent with Art, Humanities, and Sociology, 8*(1), 361-370.

박은혜, 이은화 (1998). 반성적 사고 신장을 위한 교육실습지도: 실습지도교수의 역할을 중심으로. **교과교육학 연구**, 2(1), 187-204.

보건복지부 (2013). **어린이집 표준보육과정에 기초한 영아보육프로그램 운영의 이해**. 세종: 보건복지부.

보건복지부 (2020). 보건복지부 고시 제2020-75호 제4차 어린이집 표준보육과정. 세종: 보건복지부.

양수영 (2012). 뇌 기반 연구에 기초한 유아교육의 방향 탐색. **한국교육문제연구**, 30(2), 87-113.

양수영 (2013a). 교육실습 연계 반성적 저널쓰기에 나타난 예비교사의 유아과학교육에 대한 실천적 지식 탐색. **유아교육학논집, 17**(3), 177-200.
양수영 (2013b). 2세 영아를 위한 뇌 기반 과학탐구 프로그램 개발. **한국영유아보육학, 82**, 21-43.
중앙육아종합지원센터 (2013). **어린이집 표준보육과정 및 0~2세 영아보육프로그램의 이해**. 서울: 중앙육아종합지원센터.
표준국어대사전 (2018). http://www.korean.go.kr/front/search/searchList.do.
한국보육진흥원 (2013). **어린이집에서의 보육실습 지도**. 서울: 한국보육진흥원.
한국보육진흥원 (2020a). **양성기관용 보육실습 지도**. 서울: 한국보육진흥원.
한국보육진흥원 (2020b). 2020 보육교사 자격기준. Retrieved from http://chrd.childcare.go.kr/ctis/content/tch_kind_03.jsp.

Dale, E. (1969). *Audiovisual methods in teaching*. New York, NY: Draden Press.
Elbaz, F. (1983). *Teacher Thinking: A study of practical knowledge*. UK, London: Croom Helm.
Finn, J. D. (1964). Instructional Technology. *Audiovisual instruction, 10*(3), 192-194.
Hiebert, J., Gallimore, R., & Stigler, J. W. (2002). A knowledge base for the teaching profession: What would it look like and how can we get one? *Educational Research, 31*(5), 3-15.
Hoban, C. F., & Zisman, S. B. (1937). *Visualizing the curriculum*. New York, NY: The Cordon Company.
Winton, P. J., & McCollum, J. A. (2008). Preparing and supporting high-quality early childhood practitioners: Issues and evidence. In P. J. Winton, J. A. McCollum, & C. Catlett (Eds.), *Practical approaches to early childhood professional development: Evidence, strategies, and resources* (pp. 1-12). Washington, DC: Zero to Three Press.
Yayli, D. (2009). Reflective practice of pre-service teachers in a listening skill course in an ELT department. *Procedia-Social and Behavioral Sciences, 1*(1), 1820-1824.

저자 소개

양수영(Suyoung Yang)

중앙대학교 유아교육과 학사

중앙대학교 대학원 유아교육과 석사

중앙대학교 대학원 유아교육과 박사

서울시 유치원 평가 현장평가위원

한국연구재단 연구사업 연구책임자(2014~2019)

현 한양여자대학교 유아교육과 교수

서울시 서초구 보육정책위원

〈주요 논문〉

양수영(2020). 「2019 개정 누리과정」에 대한 유아교사의 이해도. **학습자중심교과교육연구, 20**(17), 425-448.

양수영(2020). 뇌 과학에 기초한 부모의 강압적 훈육행동 예측변인. **한국유아교육연구, 21**(4), 45-66.

양수영(2019). 예비교사 대상 뇌 기반 영유아 건강교육 프로그램의 종단효과. **유아교육학논집, 23**(5), 5-27.

양수영(2019). 부모의 유아발달, 양육지식 및 강압적 훈육에 대한 인식. **학습자중심교과교육연구, 19**(3), 123-143.

양수영(2018). 뇌 과학에 근거한 영유아 소프트웨어 교육 방향. **어린이미디어연구, 17**(1), 61-83.

양수영(2017). 영아 대상 뇌 기반 안전교육 방안 개발 및 효과. **유아교육학논집, 21**(5), 197-218.

양수영(2016). 뇌 과학과 교육학 분야 간 융합연구를 통한 예비교사교육의 뇌 기반 교수-학습 전략 개발. **유아교육학논집, 20**(3), 61-88.

양수영(2016). 뇌 과학 연구 결과에 기초한 예비교사교육의 교수-학습 전략 적용 및 효과에 대한 메타분석. **유아교육연구, 36**(3), 24-49.

양수영(2014). 유아교사의 문제행동지도 자신감에 영향을 미치는 문제행동 관리능력. **열린유아교육연구**, 19(2), 295-314.

양수영(2014). 뇌 기반 창의 동작활동 중심의 동작교육이 예비유아교사의 동작교수효능감에 미치는 영향 및 경험의 의미. **유아교육학논집**, 18(1), 171-197.

양수영(2013). 예비유아교사 대상 과학교육 태도 증진을 위한 뇌 기반 수업모형 개발 및 메타 분석. **유아교육연구**, 33(6), 39-63.

양수영 외(2013). 교사 제반 변인에 따른 문제행동 관리능력 차이분석. **한국교육문제연구**, 31(2), 67-92.

양수영(2013). 교육실습 연계 반성적 저널쓰기에 나타난 예비교사의 유아과학교육에 대한 실천적 지식 탐색. **유아교육학논집**, 17(3), 177-200.

그 외 영유아 교육 관련 단독연구 다수

2판

「제4차 표준보육과정」 반영한

보육실습

–영아 대상 상호작용 및 놀이 지원활동 방법 중심으로–

Practicum in Child Care (2nd ed.)

2019년 1월 25일 1판 1쇄 발행
2021년 2월 15일 2판 1쇄 발행

지은이 • 양수영
펴낸이 • 김진환
펴낸곳 • ㈜학지사
04031 서울특별시 마포구 양화로 15길 20 마인드월드빌딩
대표전화 • 02-330-5114 팩스 • 02-324-2345
등록번호 • 제313-2006-000265호

홈페이지 • http://www.hakjisa.co.kr
페이스북 • https://www.facebook.com/hakjisa

ISBN 978-89-997-2291-2 93370

정가 15,000원